# Papà per la Prima Volta

Manuale Completo per la Paternità. Dalla Gravidanza ai Primi Mesi, la tua Guida Pratica per diventare un SuperPapà

## Universo Infanzia

# UNIVERSO INFANZIA

# INDICE

# INTRODUZIONE

È una mattina di settembre. Il cielo è limpido, i raggi del sole brillano sulle vetrate dei palazzi e i primi colori autunnali vestono di arancione i marciapiedi grigi della metropoli. Sono seduto in una caffetteria del centro città in compagnia di un amico di vecchia data; anche lui papà di tre *creaturine* – come ama definirle. È innamorato della sua famiglia, glielo si legge dal sorriso commosso e appagato che arriccia gli angoli della bocca tutte le volte in cui nomino la triade per eccellenza: «*bambino*», «*gravidanza*» ed «*educazione infantile*».

Infine, buttando giù l'ultimo sorso di un cappuccino di soia ormai freddo, mi domanda con aria benevola: «Come ti è venuto in mente di scrivere un libro sulla paternità? Quando Anna me l'ha detto a tavola, qualche giorno fa, non riuscivo a crederci... E che traguardo! *Non vedo l'ora di leggerlo!*»

«Non ne hai bisogno, te la cavi egregiamente nei panni di super-papà...» - gli rispondo con tono imbarazzato, ma non posso fare a meno di rivolgergli un'occhiata compiaciuta. Il supporto di altri neo-genitori alle prese con le sfide della crescita sono il carburante che mi ha indotto a sedere alla scrivania per scrivere il manuale che stringi tra le mani, *lettore*. Devi sapere, infatti, che lo spunto letterario racchiuso tra le pagine che seguono nasce dalla volontà di aiutare i futuri papà in attesa del loro primo figlio. Anch'io – mentre il pancione della mia dolce metà si gonfiava a vista d'occhio come un palloncino a elio e le visite dal ginecologo segnate in rosso sul calendario scivolavano via rapidamente – ricordo di aver messo le mani su tutti i libri presenti in commercio. E mi riferisco tanto a quelli iper-dettagliati, incentrati sui cambiamenti della donna e del feto dal concepimento al decimo anno di età, quanto ai *racconti-diari* in cui centinaia di papà dalla penna irriverente e ironica mettono in luce i pro e i contro della genitorialità. E così, prima ancora di stringere tra le mani il pargolo tanto atteso – che ad oggi ha la bellezza di otto anni– avevo imparato a distinguere, almeno per via teorica, le varie «sfumature di pianto» che mi avrebbero permesso (sempre in teoria) di interrompere le crisi isteriche di mio figlio con uno schiocco di dita.

*La verità?*

Ben poco di quel che avevo appreso sui manuali divorati forsennatamente nei nove mesi di gestazione si rivelò davvero utile. I primi ostacoli in sala parto, le vertigini, il senso di appagamento derivante dal contatto pelle a pelle con il neonato, così come il rientro in casa «*in tre*» ebbero su di me un impatto *organizzativo* ed *emotivo* che nessun libro sulla paternità aveva saputo trasmettermi. Certo, dalle pagine di alcuni dépliant informativi avevo compreso, a grandi linee, come fare il bagnetto al bebè senza allagare il mio bilocale di città, così come cambiare un pannolino evitando la dispersione di fumi tossici all'interno delle quattro mura domestiche. Eppure, che tu ci creda o no, apprendere «*come diventare un buon papà*» non ha nulla a che vedere con le esercitazioni, le interrogazioni o le verifiche *in stile scolastico* pubblicate sui tanti manuali di settore. L'esperienza della genitorialità è un mix indissolubile di timori, di aspettative e di emozioni che non può essere catalogato e schedato in compartimenti stagni – per dire, lo svezzamento del neonato, le coliche, la dentizione, il vasino, il gioco e *chi più ne ha, più ne metta.*

È necessario fare esperienza, «*vivere la paternità*» con lo sguardo rivolto al futuro; ed è questo l'obiettivo che mi sono prefissato prima di digitare sul mio portatile un po' sgangherato le informazioni racchiuse con passione nei prossimi capitoli. Questi ultimi non intendono tradursi né in un corso accelerato di medicina neonatale né tantomeno in un insieme di concetti «triti e ritriti» che potresti facilmente reperire su Internet.

Nel mio piccolo – e con la curiosità che da sempre mi contraddistingue – intendo mettermi nei panni *dei papà per la prima volta*, al fine di dare loro una pacca sulla spalla d'incoraggiamento (in versione editoriale). Nonostante le rocambolesche peripezie iniziali e le poche, anzi, *pochissime* ore di sonno che accumulerai settimanalmente, hai tutte le carte in regola per trasformarti in un *genitore con la G maiuscola* – indispensabile tanto per la tua compagna di vita, quanto per il piccolo Pavarotti in miniatura che ti sveglierà nel cuore della notte con i suoi... *acuti in Sol minore perfettamente in tono!*

Prima di cominciare, mi permetterai di precisare un aspetto che reputo importantissimo: sul piano editoriale, l'utilizzo del maschile o del femminile con cui mi rivolgerò a tuo/a figlio e/o figlia rischia di trasformarsi in una complicazione che **A)** appesantisce la lettura e **B)** si focalizza su sfumature linguistiche considerate inessenziali dalla maggior parte dei miei lettori. Di conseguenza, chiedo la licenza di utilizzare un maschile generico – riferito tanto alle bimbe quanto ai bimbi. Non è forse il caso di prendere spunto dai nostri cugini inglesi che, con un termine «*baby*» perfettamente neutro, hanno ovviato il problema della discriminazione di sesso?

Bene, bene, *mio caro lettore*, è giunto il momento di scoprire gli alti e i bassi delle montagne russe mentali, fisiche ed emotive che ti attendono nei panni di futuro papà.

Per tornare alla domanda posta dal mio amico di vecchia data, in una quieta mattina di settembre *«Come ti è venuto in mente di scrivere un libro sulla paternità?»*, mi vien quasi da rispondere, d'istinto: *«Non lo so, sentivo di non avere altra scelta»*.

Dopotutto, la divulgazione è, ai miei occhi, una *vocazione*, un *grande obiettivo*. Condividere le mie esperienze con altri neo-papà alle prime armi significa, innanzitutto, supportare i futuri genitori che si sentono sperduti e disorientati in una terra di mezzo. In uno spazio, cioè, al cui interno tutto cambia alla velocità della luce, rivelandosi imprevedibile e più difficoltoso del previsto (almeno all'inizio).

Impantanati come siamo in una fitta ragnatela di emozioni, nel deside-rio impellente di essere al fianco del bebè dal giorno zero e nel sogno di ritrovare l'armonia domestica in compagnia della nostra dolce metà, noi maschietti abbiamo un bel po' di faccende da sbrigare. Ed è questo il motivo per cui non voglio perdermi in chiacchiere o divagare in voli pindarici che nulla hanno a che vedere con le tue preoccupazioni e le tue paure reali.

Per citare le illuminanti parole della scrittrice e giornalista di origini cingalesi Ama H. Vabnniarachchy: "Le lacrime e le paure di un padre sono invisibili, *il suo amore è silenzioso*, ma la sua cura e protezione rimangono come un sostegno forte per tutta la vita".

Ti auguro una splendida permanenza tra le pagine del mio manuale, così da trovare dentro e fuori di te la forza di trasmettere al pargolo tutto *l'amore silenzioso (e non solo)* che merita.

*Buona lettura,*

*Marcello Barbieri*

# Amore, diventerai padre!

## La grande rivoluzione emotiva della paternità

*Mio caro lettore*, ne è passata di acqua sotto i ponti da quando la *paternità* si riduceva, in una dimensione di vuota abitudinarietà, all'accezione di *pater familias*, di *capofamiglia*. Il genitore assiso in poltrona con il giornale in mano vegliava sulla prole con occhio accorto e intransigente. Era il primo a esser servito a tavola, ma anche il primo che prendeva la parola, stabiliva il futuro dei figli e «si faceva i fatti propri» ammantato di laconica autorità. Con il passare degli anni, il dominio (quantomeno teorico) del «padre-padrone» si è gradualmente affievolito. Riflettici per un istante: dopotutto, quali erano gli obblighi morali dei padri dell'Ottocento o del primo Novecento? Pochi, anzi, pochissimi. Alla nascita della prole, il genitore prendeva le distanze dalla cura e dalla compartecipazione all'educazione infantile. Gli si chiedeva soltanto, più avanti nel tempo, di pagare la retta scolastica dei bambini, qualche vacanza al mare o in montagna e una discreta quantità di vestiti, passati di mano in mano da un fratello all'altro per risparmiare sul budget – diremmo noi oggi. La *società che fu* assicurava ai padri di famiglia un'esperienza genitoriale di tutto riposo, all'interno della quale il grosso delle responsabilità veniva spartito tra le donne di casa. E per quanto la figura del *pater familias* di derivazione freudiana sia sopravvissuta fino ai nostri giorni – quantomeno nel ricordo e in qualche film o serie TV – è inevitabile riconoscere, nei padri moderni, una brusca e rivoluzionaria trasformazione. Non si sa come, non si sa quando, tutto è cambiato. Dapprima disorientato e incerto su un terreno a lui sconosciuto, il genitore ha scoperto di poter – anzi, di dover – essere altro. Non più una statua di cera perennemente seduta sul divano con una lattina di birra in mano, chiamata a gridare ordini e a impartire punizioni sotto lo sguardo minaccioso della madre, bensì un *genitore con la G maiuscola*, coinvolto emotivamente e umanamente nell'esperienza della crescita e dell'educazione dei figli. Schiere di madri indipendenti, lavoratrici e determinate hanno sovvertito il paradigma del «padre-padrone». Il risultato? I maschietti in attesa della *piccola peste* di casa sono stati proiettati in un orizzonte familiare più complesso. Ma anche più *stimolante, divertente, appagante, gratificante* e *avvincente*.

Al giorno d'oggi, poi, ai padri moderni è stato riconosciuto il privilegio – se così lo si vuol chiamare – di crescere i propri bambini in maniera autonoma, di legarsi emotivamente ai figli e di provare sentimenti d'amore nei loro confronti pari, per intensità, a quelli nutriti dalla *mamma*.

Una vera rivoluzione familiare, *non trovi anche tu?*

*Eppure, c'è un però.*

Lo stravolgimento degli equilibri parentali e la definizione di nuovi orizzonti sul tema della paternità sono stati responsabili – soprattutto negli ultimi decenni – di una progressiva e inevitabile *confusione*. Si fa presto a chiedere a un neo-papà alle prime armi di cambiare un pannolino, di aiutare la mamma nell'allattamento del pargolo e di somministrare al bebè pillole e sciroppi tra le urla dell'ultimo arrivato in famiglia! Il punto è che tutti noi, pur avendo le carte in regola per supportare la nostra partner e superare i piccoli-grandi ostacoli della quotidianità, *sentiamo* di non essere pronti. Ne siamo convinti. Ce lo ripetiamo così tante volte da trasformare la *dentizione del bambino* in una spaventosa esperienza a metà tra un viaggio intergalattico e un'invasione zombie. L'ombra del *pater familias* comodamente stravaccato in poltrona – interpellato soltanto per montare la culla dell'ultimo nato – continua a farci sentire *incapaci, goffi e impotenti.* Volente o nolente, ce lo ricorda anche la legislazione italiana: nel nostro Paese il congedo parentale per le madri è pari a cinque mesi, quello del padre a dieci giorni. Sembra proprio che i burocrati si sforzino, forse del tutto inconsapevolmente, di salvare quel che resta della figura mitologica del *capofamiglia* dei tempi andati.

Mi auguro che questa breve introduzione non ti abbia strappato qualche sbadiglio di troppo. Per quanto le mie parole possano sembrarti «*chiacchiere*» prive di valore, la verità è che la comprensione di *chi è* e *cosa fa* un padre è il punto di partenza da cui vivere l'avventura della genitorialità in maniera spensierata, serena e appagante... *fin dal giorno zero.* Nei panni di un genitore moderno, anzi, *modernissimo*, devi innanzitutto liberarti dalle (cattive) influenze comportamentali tramandate dalle vecchie generazioni. È tempo di guardare avanti per collocare al centro della tua vita familiare la relazione emotiva che ti lega tanto al *bambino*, quanto alla tua *compagna di vita.*

Ora, immagino quasi i pensieri che ti frullano per la testa: «Okay, sembra tutto molto interessante, ma come posso coltivare questo legame? Non ho idea di quel che mi aspetta, e temo di comportarmi in modo impacciato.

<u>Non so se sarò all'altezza</u>... Mi sembra di avere a che fare con un mondo completamente nuovo!»

*Frena, frena!*

Prima di farti prendere dal panico e di sollevare bandiera bianca alla minima difficoltà, impara a processare le emozioni e i dubbi che si affollano vorticosamente nella tua mente. Per riuscire nell'intento, è opportuno partire da principio. Dal momento in cui, cioè, la tua compagna di vita, di avventure romantiche, di viaggi in giro per il mondo e di cene a lume di candela nel tuo ristorante preferito ti annuncia, con la voce interrotta dall'emozione: «*Amore, sono incinta!*».

Ora, la notizia potrebbe essere inaspettata come un fulmine a ciel sereno, oppure a lungo desiderata da ambo le parti. Una cosa è certa: il test di gravidanza positivo ha il (super)potere di togliere il respiro come un pugno nello stomaco. *In un istante, realizzi che niente sarà più come prima.* Non tentare di prendere tempo o di contenere la tua eccitazione. Una paternità annunciata è una notizia meravigliosa.

*Congratulazioni!*

Nelle pagine che seguono troverai le *istruzioni per l'uso* di cui necessiti per cavartela alla grande. Ad ogni modo, lascia pure che quella lacrimuccia di commozione ti scivoli sulle guance e trova il momento più giusto per chiedere alla futura mamma *cosa sente* e *cosa prova*. Esprimere e condividere le vostre emozioni a parole è importantissimo: è una *skill* da 110 e lode che ti servirà sia nei nove mesi di gestazione, sia quando la piccola peste di casa affronterà i primissimi problemi a scuola, con il gruppetto di amici o con il/la fidanzatino/a che gli fa battere il cuore.

Ebbene, è anche probabile tu senta l'urgenza di processare la notizia in compagnia del tuo storico gruppo di amici. Sì, perché la gravidanza della futura mamma ti costringerà a mettere in *standby* la vita da tempo programmata: i week-end fuori porta che hai pianificato insieme alla tua dolce metà, il martedì di calcetto con la squadra di sempre, le cene fuori il sabato sera, gli aperitivi per le vie del centro città e i riposini post-pranzo (o per meglio dire, *post-abbuffata*) domenicale. Preso dal panico e dalla confusione – *come dicevo* – è probabile tu senta l'impellenza di condividere paure e preoccupazioni con gli amici di sempre. In linea generale, non c'è niente di male nel voler annunciare l'arrivo del bebè nelle fasi premature della gestazione, ma ti consiglio di non affrettare i tempi. Durante le prime, delicatissime settimane di gravidanza è preferibile «*mantenere il segreto*» se questo consente alla futura mamma di vivere i cambiamenti mentali e fisici che l'attendono in maniera più rilassata. Parla a quattr'occhi con la tua compagna di vita e chiedile quale condotta le consentirebbe di superare le prime quattro-otto settimane di gravidanza con la massima serenità.

*L'ho già detto che la* **comunicazione** *e* **l'empatia** *sono i collanti che tengono unita una famiglia (sul punto di allargarsi), giusto?*

Ebbene, non avere fretta di sbandierare ai quattro venti la lieta notizia e impara a metterti nei panni della tua partner. Di frequente, inoltre, la scelta di tenere sotto silenzio il primo test di gravidanza positivo consente di familiarizzare in maniera graduale con il *viaggio della genitorialità* che ti attende. Se senti il bisogno di leggere un libro, leggi un libro. Se senti il bisogno di consultare un terapeuta, mettiti in contatto con uno psicologo della tua zona. Se preferisci scoprire in cosa consiste la gestazione all'atto pratico, rivolgiti allo sportello ASL più vicino a te. O più semplicemente, se sprizzi gioia da tutti i pori e non vedi l'ora di renderti utile, abbraccia la tua dolce metà e chiedile se c'è qualcosa che puoi fare per allietare le prime settimane di attesa.

Non mi stancherò mai di ripetere la *regola aurea* della paternità: un futuro papà predisposto emotivamente alle montagne russe della genitorialità, non ha nulla da temere. I piccoli-grandi problemi pratici della quotidianità gli sembreranno poca cosa, se paragonati alla gioia, all'appagamento e al nuovo legame d'amore che lo unirà per sempre alla sua famiglia.

*Curioso di saperne di più?*

# LE QUARANTA SETTIMANE DI GRAVIDANZA

## (SPIEGATE IN MANIERA SEMPLICE)

Insomma, *diventare genitori* è un'esperienza che scatena non soltanto un vortice di emozioni travolgenti, ma anche uno tsunami di aspettative, speranze, gioie e rapidi mutamenti interiori. Se in non più di mezza giornata sentirai di essere invaso da esaltazione, paura, felicità e preoccupazione, beh, *è tutto nella norma*. Il tuo mondo è cambiato; la trasformazione che ti attende potrebbe metterti, di tanto in tanto, a dura prova. Vorrei poterti dire che riuscirai sempre a cavartela alla grande, senza mai commettere passi falsi. Ad ogni modo, non è così: è importante comprendere che anche i piccoli-grandi incidenti di percorso sono necessari al raggiungimento del titolo di *super-papà* e di *super-compagno di vita* a cui ambisci.

Prima di approfondire la tabella di marcia relativa alle **quaranta settimane di gravidanza** – così da comprendere gli esami e le visite *must-know*, suddivise in trimestri – permettimi di condividere con te il senso ultimo della genitorialità con le parole di Khalil Gibran, scrittore e filosofo libanese tra i più prolifici della prima metà del Novecento: "*Voi siete l'arco dal quale, come frecce vive, i vostri figli sono lanciati in avanti*".

Strano a dirsi, ma credo non esista citazione che racchiuda al meglio il valore della *paternità* e della *maternità*. Prepararsi a diventare *padre* significa, innanzitutto, accettare di non esser più una freccia in volo – magari orientata in direzione degli obiettivi della carriera, del successo, dei viaggi, dell'avventura e dell'amicizia – bensì di essere arco e corda necessari per proiettare i tuoi figli in avanti. I tuoi *bambini-frecce* hanno bisogno di un sostegno tangibile per essere «lanciati» nella vita, non possono prescindere dal tuo aiuto e da quello della tua compagna.

Ora, immagino che il punto di vista del buon vecchio Gibran possa metterti in apprensione. Sarai responsabile di una creaturina vivente per un buon numero di anni, cioè prima che lui/lei abbia le carte in regola per prendere decisioni in autonomia. Per quanto la strada sembri tutta in salita, non dimenticare che anche le vette più irraggiungibili vengono scalate un passo alla volta. *Sempre.*

Di conseguenza, non fasciarti la testa prima del tempo e cerca piuttosto di capire *come fare* per sostenere la tua dolce metà dalla prima alla quarantesima settimana di gravidanza, mentre il pancione si gonfierà come un palloncino ad elio e le visite dal ginecologo si trasformeranno in un pretesto per vivere, in maniera intima e preziosa, la relazione prematura che ti lega al bebè.

# Nove mesi, tre trimestri, mille sfide per prepararsi alla nascita del bebè

*Mio caro lettore,* mettiti comodo, versati una tazza di caffè fumante e procurati carta e penna per prendere appunti. Qui di seguito, ho sintetizzato tutte – ma proprio tutte – le informazioni che devi conoscere per affrontare le quaranta settimane di gestazione in maniera serena e collaborativa. Certo, il grosso della gravidanza spetta alla mamma, ma non cadere nell'errore di essere esonerato da visite, shopping *prenatale* e una spolverata di supporto pratico ed emotivo durante i momenti di smarrimento della futura genitrice.

Dunque, cominciamo dall'inizio: per quanto la gestazione sia un processo continuo, viene diviso in tre periodi di tre mesi ciascuno – chiamati, per l'appunto, **trimestri**:

- **Primo trimestre**: dalla settimana 0 alla settimana 12. È la fase dell'**adattamento** graduale e del raggiungimento di una discreta **consapevolezza emotiva**.

- **Secondo trimestre**: dalla settimana 13 alla settimana 24. Consente alla mamma e al papà di stringere un **legame empatico** con il bebè che continua a crescere a vista d'occhio… *o per meglio dire, a vista d'ecografia!*

- **Terzo trimestre**: dalla settimana 25 al giorno del parto. È il periodo del **distacco**, doloroso per la madre e impegnativo per il padre. Si conclude con la nascita del pargolo e con il rientro in casa.

Scandire il tempo in settimane è il modo migliore per seguire l'evoluzione del feto in maniera progressiva, adottando un sistema di valutazione standard. Tuttavia, indipendentemente dal fatto che tu preferisca contare i giorni che ti separano dalla sala parto in mesi o in settimane, ricorda che la gravidanza della tua partner prende il nome di ***epoca gestazionale***.

Nelle prossime pagine, dunque, voglio spiegarti quali saranno le implicazioni pratiche dell'evoluzione fetale dalla A alla Z.

## Primo trimestre tra adattamento e cambiamento

Il primo *giro di boa* riguarda l'ultimo giorno dell'ultimo ciclo mestruale della tua compagna – sarebbe bene ricordarlo con una certa accuratezza per evitare «*errori di calcolo*» futuri. Ad ogni modo, non è necessario cedere a velleità matematiche. Dati alla mano, *soltanto 5 bambini su 100* nascono il dì calcolato dai genitori al momento del concepimento. Internet è pieno zeppo di programmini elementari e calendari automatici che ti consentiranno di prevedere, a grandi linee, l'ingresso in sala parto della tua dolce metà. *So bene che non potrai esimerti, sicché non mi resta che augurarti buon divertimento!*

La domanda sorge, quindi, spontanea: che cos'accade nel primo trimestre di gestazione?

In ordine:

- Avviene la fecondazione, cioè l'incontro tra il gamete maschile (lo spermatozoo) e il gamete femminile (l'ovulo). Il fenomeno in questione si verifica in un arco temporale di sole 24 ore. *Il tempismo è tutto!*

- L'unione tra le due cellule (zigote) favorisce la formazione di altre centinaia e centinaia di cellule. Queste ultime prendono il nome di **blastocisti**, un coagulo cellulare che si impianta nell'utero della tua partner. Al contempo, l'organismo femminile si preoccupa di provvedere al sacco amniotico che accoglierà il bebè nel corso delle quaranta settimane di gravidanza.

- La prima a svilupparsi è la regione cerebrale e del midollo spinale – quello che prende il nome di tubo neurale.

- A partire dalla quarta/quinta settimana di gestazione, si modellano anche il cuore e i vasi sanguigni che irroreranno di sangue il tuo futuro bebè. L'ecografia consente di avvertire il battito cardiaco (velocissimo) della creaturina che cresce alla velocità della luce, giorno dopo giorno.

- Dalla sesta settimana in poi, compaiono gli abbozzi degli arti superiori e inferiori.

- Si procede, dunque, con la formazione dei muscoli e delle ossa. Il volto, il collo e le dita diventano maggiormente riconoscibili. Al contempo, è possibile rilevare le onde cerebrali della futura peste di casa.

- Nell'ottava settimana di gestazione, lo sviluppo dello scheletro può dirsi completo. Anche le *ditina* delle mani e dei piedi sono ben definite.

- Nella nona settimana di gestazione è il turno dei reni, che iniziano a funzionare a pieno ritmo.

- Il primo trimestre di gravidanza si conclude a cavallo tra la decima e la dodicesima settimana di gestazione, quando tutti gli organi di base del neonato si sono formati completamente. In altri termini, nonostante le sue dimensioni contenute, il feto possiede le carte in regola per rispondere alle stimolazioni tattili e per muoversi all'interno dell'utero materno.

Passiamo ora alle *montagne russe psicofisiche* patite dalla futura mamma. Le donne in dolce attesa potrebbero fare i conti con <u>nausea, stanchezza, vomito, spossatezza, sbalzi d'umore</u> - *ma non prendertela sul personale, lettore!* – così come <u>gonfiore dei seni e dell'addome</u>. In aggiunta, non è raro incappare in lievi perdite ematiche a seguito dell'impianto del feto nell'utero. Il motivo è da rintracciare, in larga misura, nella trasformazione dei tessuti intrauterini: da un lato, infatti, l'utero aumenta il proprio volume settimana dopo settimana e, dall'altro, il pargolo raggiunge la grandezza di un pompelmo già al termine del primo trimestre.

Il corpo della tua compagna di vita lavora instancabilmente, notte e giorno, al fine di abituarsi quanto prima alla presenza silenziosa e intangibile del «*piccolo ospite*» tanto atteso. Per riuscire nell'intento, l'organismo femminile è costretto a rallentare la stragrande maggioranza delle sue funzioni «normali»: la futura mamma potrebbe sentire il bisogno di *riposare* e di *mangiare* di più. A premere il piede sul freno sono anche le attività digestive e il sistema immunitario. Sarà opportuno farsi carico di alcune fastidiose incombenze domestiche – *ove possibile* – per aiutare la partner, nel tuo piccolo, a superare la fase di adattamento in maniera serena e rilassata. Non dimenticare, infatti, che una donna in dolce attesa «lavora per due»: il suo cuore e i suoi reni devono sostenere un carico in più. In tal senso, non sorprende che la tua dolce metà senta il bisogno *impellente* di scappare in bagno con una frequenza mai vista prima. *Organizza i turni alla toilette con largo anticipo, te ne sarà grata!*

*Mio caro lettore*, il tuo obiettivo numero 1 consiste, dunque, nel garantire alla futura mamma un trimestre all'insegna della **lentezza**. Quest'ultima non soltanto favorisce un'ottima *placentazione* – cioè consente alla placenta di mettere radici in maniera solida e forte per proteggere il bebè nel corso delle quaranta settimane di gestazione – ma permette anche di trovare la combinazione perfetta per condurre uno stile di vita moderato ed equilibrato. Altrettanto importante è scegliere un ginecologo o un'ostetrica che sappiano rassicurarvi nelle quaranta settimane che vi attendono, così da affrontare con serenità gli alti e i bassi (ormonali, fisici ed emozionali) del meraviglioso viaggio che prendere il nome di *genitorialità*.

## Secondo trimestre tra empatia e accoglienza

In linea generale, il secondo trimestre è il più apprezzato dalle future mamme in dolce attesa: i fastidiosi sintomi gestazionali si affievoliscono, le energie ricominciano a scorrere nel corpo (un po' appesantito) della tua compagna di vita e l'esperienza della gravidanza si fa ogni giorno più concreta, commovente e tangibile. A cavallo tra il terzo e il quarto mese di gestazione (14ª settimana circa) potrai scoprire il sesso del nascituro e acquistare tutto l'occorrente per confezionare una cameretta in *total pink* o in *total blue* a prova di nanna! La lieta notizia potrebbe tardare ad arrivare nel caso in cui il bebè decidesse di assumere una posizione «coprente» nel corso dell'ecografia. Ad ogni modo, ti ricordo che tantissimi genitori preferiscono restare nel dubbio, acquistando vestitini in colori neutri (come il giallo o il verde, ad esempio). Parlane con la tua partner e affrontate la lieta notizia della sessualità neonatale soltanto quando vi sentirete pronti. Come se non bastasse, le ecografie dei primi mesi sono senza dubbio le più emozionanti – o almeno, lo sono state per me: non soltanto riuscirai a visualizzare la forma della tua creaturina in via di sviluppo, ma potrai anche seguire *step by step* i piccoli-grandi progressi effettuati dal nascituro, intento a sguazzare nel liquido amniotico della tua dolce metà. Accompagna la futura mamma dal ginecologo e stalle vicino.

Il secondo trimestre, infatti, segna il passaggio da una «gravidanza saputa» a una «gravidanza sentita». Il pancione si gonfia, gli ormoni saltellano da un picco all'altro, il bambino assume le forme di un cucciolo di umano in carne e ossa – smettendo di essere un primitivo (e un po' alieno) agglomerato di cellule. Inoltre, la mamma e il bebè stabiliscono, in questo periodo, un delicatissimo rapporto di simbiosi: le emozioni femminili accolgono e si affezionano al piccolo ospite uterino, mentre la placenta consente al pargolo di velocizzare la crescita e di guadagnare peso. In aggiunta, i disturbi del primo trimestre vengono affievoliti dalla diffusione del *progesterone* e degli *estrogeni* – un'accoppiata di ormoni indispensabile per preparare l'organismo ospitante al *grande giorno* della sala parto. In un periodo di affiatamento, benessere e commozione generale, è opportuno iscriversi a un corso preparto (per mamme e papà), ma anche scegliere la modalità di parto e/o l'ostetrica che si prenderà cura della neomamma di lì a qualche mese. Senza dimenticare che, dati alla mano, i padri che decidono di prender parte agli incontri di divulgazione e di sensibilizzazione sul tema della natalità riescono a stringere legami più solidi, sul piano affettivo ed emotivo, con la futura *peste di casa*.

In aggiunta, tra le analisi di routine da segnare in rosso sul calendario:

- Tra l'11ª e la 13ª settimana di gestazione, prenota la **villocentesi**. Il test in questione permette di identificare precocemente eventuali anomalie genetiche o cromosomiche. L'esame consiste nel prelievo di alcuni frammenti di placenta materna – quelli che prendono il nome di «villi coriali» - mediante un sottilissimo ago inserito, con l'aiuto dell'ecografia, nella parete addominale della futura genitrice. E dal momento che la placenta contribuisce alla maturazione e allo sviluppo sano del feto, fornendo ossigeno e nutrienti desunti dalla dieta, il suo corredo genetico è simile in tutto e per tutto a quello del bebè. Di conseguenza, la villocentesi permette di ricavare preziosissime informazioni sullo stato della gestazione, sulla salute del nascituro e sulle reazioni fisiologiche dell'organismo materno in continuo mutamento.

- Tra l'11ª e la 13ª settimana di gestazione, prenota anche l'analisi della **traslucenza nucale** e il **Bi test.** Lo screening infantile consente di rilevare eventuali rischi correlati all'insorgenza delle *cromosomopatie* (le patologie del corredo cromosomico). Il test in questione ha il vantaggio di essere <u>non invasivo</u> – permette, dunque, di valutare lo status fetale senza mettere a rischio la gestazione. Il meccanismo alla base dei test in questione si basa sul principio di *predittività*, ovvero di statistica. Per maggiori informazioni, ricorda di chiedere al ginecologo o al tuo medico di fiducia i pro e i contro del **test combinato** *(traslucenza nucale + Bi test).*

- Tra la 15ª e la 18ª settimana di gestazione, sarà opportuno procedere con **l'amniocentesi.** Il test in questione rientra nella categoria delle analisi invasive e consente di rilevare la presenza di eventuali malattie cromosomiche a carico del bebè – come la *sindrome di Down.* L'amniocentesi è caldamente consigliata alle donne in dolce attesa con età pari o superiore ai 35 anni – compiuti al momento del concepimento – e può essere effettuata in qualsiasi struttura pubblica nazionale senza il versamento di costi aggiuntivi.

- Gli appuntamenti *must-know* del trimestre si concludono con la **seconda ecografia morfologica** – a cavallo tra la 20ª e la 22ª settimana di gestazione. Quest'ultima consente di rilevare la lunghezza e il peso del feto, soprattutto perché effettuata durante una fase di maturazione ottimale per la valutazione complessiva dello stato di salute del bimbo. Il personale medico procederà ad analizzare anche il funzionamento degli organi e degli apparati – *come quello cardiorespiratorio e digestivo-renale* – fino ad arrivare ai cinque sensi neonatali: il tatto, la vista, l'udito, l'olfatto e il gusto.

Ti ricordo inoltre di effettuare, insieme alla tua compagna di vita, gli **esami del sangue** necessari per monitorare l'adattamento dell'organismo ospitante al feto e ai cambiamenti che ne derivano. Se nel primo trimestre verranno svolti un emocromo e un esame specifico per la rilevazione di eventuali malattie infettive, nel secondo trimestre sarà opportuno procedere con la **toxoplasmosi**[1] e con la **valutazione del fattore Rh**.

---

1. La toxoplasmosi è una malattia infettiva il cui contagio si diffonde per via diretta da un protozoo, il Toxoplasma gondii. Quest'ultimo si riproduce generalmente in gatti e altri felini mediante il contatto della donna con feci infette. Nel caso in cui la futura mamma dovesse contrarre la toxoplasmosi per la prima volta durante le quaranta settimane di gestazione, potrebbe trasmetterla anche al feto. Di conseguenza, il toxo test rileva la presenza di anticorpi nel sangue materno per scongiurare un'eventuale infezione fetale. In mancanza di pregressa infezione, sarà opportuno seguire quattro semplici regole di condotta per limitare i rischi di contagio: A) eliminare il consumo di carni crude o poco cotte, indipendentemente dalla loro comprovata qualità; B) evitare il contatto diretto con terreni o acqua contaminata da eventuali gatti di strada o di appartamento; C) pulire con attenzione le superfici e gli utensili domestici entrati in contatto con carne cruda; infine, D) evitare il contatto con le feci di gatti. Preoccupati di pulire la lettiera in prima persona, esonerando la tua compagna di vita da questo spiacevole (e rischioso) compito, e ricorda di scongiurare l'introduzione in casa di topolini, lucertole o uccellini predati dalla vostra... tigre d'appartamento!

Quest'ultimo consente di individuare le future genitrici con *Rh negativo*. La somministrazione di immunoglobuline anti-Rh a partire dalla 27ª settimana di gravidanza ha lo scopo di impedire che il sistema immunitario della donna metta in circolo un quantitativo di anticorpi che *potrebbe* rallentare la maturazione del feto e distruggerne i globuli rossi, soprattutto nelle gravidanze successive alla prima. Ecco spiegato il motivo per cui il **test di Coombs** *(per l'analisi dell'Rh)* è un caposaldo importantissimo se s'intende garantire alla genitrice un'evoluzione della gestazione sana ed equilibrata.

Discorso analogo concerne le **analisi delle urine**, effettuate generalmente in concomitanza al primo emocromo gestazionale. L'obiettivo, anche in questo caso, consiste nel rilevare per tempo eventuali infezioni alle vie urinarie che potrebbero complicare l'andamento della gravidanza. Proprio per questo motivo, l'esame delle urine verrà reiterato più e più volte nel corso dei tre trimestri.

Nel caso in cui nutrissi dubbi o perplessità in merito ai test, agli esami e alle visite di routine da prenotare pre e post-gravidanza, ti consiglio caldamente di dare un'occhiata all' messa gratuitamente a disposizione dal *Ministero della Salute* in formato .pdf; una sintesi chiara e accurata della tabella di marcia genitoriale che ti aiuterà a stringere un rapporto di fiducia più empatico e duraturo con l'ostetrica, il ginecologo o il medico di base che la tua compagna di vita ha voluto al suo fianco. *Stampane una bella copia colorata e attaccala al frigorifero.* Avrai sempre sott'occhio i tuoi obblighi genitoriali, così da non dimenticare neppure un appuntamento.

## Terzo trimestre tra separazione e preparazione alla nascita

*Mio caro lettore*, il terzo trimestre di gravidanza è un mix sapientemente bilanciato di aspettative, timori ed emozioni contrastanti, oserei dire *ambivalenti*. Potresti oscillare tra la disperazione e la gioia, dal timore di non essere all'altezza al desiderio di spupazzare la *creaturina tanto amata* per riempirla di coccole e di carezze. Al contempo, è possibile che la tua dolce compagna di vita mostri le prime tracce d'insofferenza per via della crescita ingente del *pancione*. Un pancione *mastodontico*, a dirla tutta. Il bambino, infatti, raggiunge indicativamente *50 centimetri di lunghezza* e comincia a esser pesato non più grammi, ma in *chilo*-grammi. I suoi spostamenti uterini consentono di percepire pugni e calci ben assestati – degni di un *Rocky Balboa in erba* – ma anche starnuti e singulti indotti dalle piccole-grandi oscillazioni della dieta materna. Ricordo ancora l'interminabile singhiozzo notturno del mio primogenito il giorno in cui ebbi la (malsana) idea di rifilare a mia moglie una gustosa portata di *chilli* piccante messicano! E io che pensavo di fare una buon'azione, sapendo della sua passione per la cucina latino-americana! Inutile ribadire che il ricordo suscita ancora oggi grandissima ilarità, tanto più perché il nostro «*erede al trono*» non ne vuol sapere, a distanza di anni, di *pepe* e *peperoncini*, spezie e condimenti *spicy* di alcun tipo.

Torniamo a noi: l'organismo gonfio e tondeggiante della tua partner affronta le ultime, decisive trasformazioni. Come nello sprint finale che separa l'atleta dal traguardo tanto ambito della sua prima maratona, così anche l'utero femminile ha un gran bel daffare per prepararsi al giorno del parto, un passo alla volta. Le contrazioni uterine faranno la loro comparsa in maniera progressiva – *ta-dan!* - diventando via via più invalidanti, dolorose e fastidiose. La mancanza di agilità, così come il senso di stanchezza che invaderà il corpo e la mente della futura mamma, ti trasformeranno in un *tuttofare domestico*; prepara la valigia per il parto, rifinisci gli ultimi dettagli per la cameretta del lattante, verifica di avere i documenti in regola per il ricovero ospedaliero e compra pannolini, assorbenti o quel che manca affinché mamma e figlio possano avere sempre a portata di mano *(o di pianto – dipende dai punti di vista)* ciò di cui hanno bisogno.

Ad ogni modo, sarò sincero con te: il *tran-tran* della quotidianità non potrà prescindere anche dal guazzabuglio emotivo della tua dolce metà. Dopo nove mesi di simbiosi e di comunione *corpo-mente*, il bebè è pronto per essere reciso dal cordone ombelicale della madre. La venuta al mondo è, innanzitutto, un'esperienza di **distacco** rivoluzionaria e, a suo modo, *dolorosa*. È questo il motivo per cui moltissime genitrici si sentono invadere da quello che prende il nome di *«istinto di nidificazione»*; una smania di preparare ogni cosa in maniera impeccabile, nella convinzione di potersi dedicare interamente alle sfide del parto soltanto quando tutto verrà sistemato con la massima cura. Di conseguenza, conta fino a dieci, iscriviti a un corso accelerato di *meditazione orientale* e cerca di trovare dentro di te la forza e la pazienza di cui necessiti per soddisfare le richieste (spesso un po' bizzarre) della tua compagna di vita. I tuoi sforzi le consentiranno di affrontare le ultime settimane di gestazione con la consapevolezza di aver fatto il possibile, cioè di essere finalmente pronta a compiere il grande passo. Nella sua (e nella tua) mente, l'immagine di un bimbo idealizzato, teorico e immaginato deve lasciare il posto a una presenza concreta, pratica e più tangibile che mai: quella di tuo figlio, nato in sala parto tra pianti, applausi e uno strano senso di sfinimento che ti accompagnerà nei primi mesi *post-partum*. E non credere che il tuo sia un ruolo marginale. *Tutt'altro.* Hai il diritto di familiarizzare con i cambiamenti radicali e rilevanti che si susseguono nella tua vita; è naturale interrogarsi in merito alla tua capacità di provvedere alla famiglia «allargata», dimostrando di essere un genitore capace, maturo e adeguato. Se ne senti il bisogno, mettiti in contatto con un'ostetrica e trova un terapeuta che ti supporti sul piano emotivo.

Il vantaggio di un percorso psicoterapico è brillantemente riassunto nelle parole del Dottor Marco Inghilleri:

"La psicoterapia non è per tutti, esige la disponibilità <u>ad affrontare qualcosa che non è facile</u>. Ma se ci impegniamo con pazienza e perseveranza, con l'aiuto di un buon psicoterapeuta, a poco a poco la nostra vita si sistema, si equilibra. Le emozioni perdono il loro potere tirannico. In psicoterapia, scopriamo che la prima cosa su cui lavorare è la nostra mente affaccendata e caotica. Siamo tutti presi in un modello di pensiero frenetico e disfunzionale, e il primo problema che la psicoterapia affronta sta nel renderlo più chiaro ed equilibrato. Con la mente chiara e bilanciata, non più dominata dagli oggetti esterni e interni a noi, può prodursi un'apertura, *per un attimo possiamo capire chi siamo davvero*".

Dopotutto, tra visite di controllo, ecografie e monitoraggi, sta per concludersi una delle esperienze più intime e significative della tua vita. E allora, *dal momento che alla preoccupazione di un padre non c'è mai fine*, ricorda di schierarti al fianco della tua dolce metà per compiere gli ultimi passi in direzione del miracolo della genitorialità. *Insieme.*

## Ecco come si diventa papà da un giorno all'altro (senza capirci granché...)

Non mi stancherò mai di ripeterlo: *anche i padri aspettano un figlio* e hanno il diritto di essere coinvolti nell'esperienza della gravidanza, del travaglio e del ritorno a casa con intensità pari a quella delle neomamme. È un errore imperdonabile ritenere che il futuro papà, in ospedale, sia relegato al ruolo di *spettatore passivo*. Gli uomini sono fisicamente ed emotivamente coinvolti. E sai perché? Perché mentre la tua compagna di vita – con un test di gravidanza positivo tra le mani – comprende improvvisamente il peso, le gioie e le responsabilità della straordinaria avventura che l'attende, mentre il suo corpo si gonfia e si trasforma, e mentre il bebè tira calci e pugni in un ambiente sempre più angusto, tu continui a essere presente, sì, ma coinvolto *indirettamente*. Tu e la tua partner avete due modi diversi di approcciare la gestazione. E non è colpa tua, sia chiaro. È la natura ad averci messo lo zampino, tenendoti a debita distanza dai mutamenti progressivi imputabili alla gestazione. Nel *Capitolo 1* del manuale che stringi tra le mani ho ribadito che il ruolo del papà sta cambiando. È vero. Eppure, l'esperienza della *genitorialità con la G maiuscola* travolge i maschietti soltanto in sala parto, quando un'infermiera arrossata e sorridente ti metterà la creaturina tra le braccia, apostrofandoti con una parola... *nuova*: «*Complimenti, papà!*»

E in un secondo, quel senso di distanza, di incomprensione e di difficoltà comunicativa che ha caratterizzato le quaranta settimane di gravidanza verrà annullato dall'espressione arrossata, arruffata e piagnucolosa di tuo figlio. Un figlio in carne e ossa – non più percepibile sporadicamente durante un'ecografia di qualche minuto, o a seguito di un pugnetto ben assestato nel pancione della tua dolce metà.

Quello che sto cercando di dirti, *lettore*, è di *rasserenarti*. Attendi pazientemente l'arrivo del grande giorno; non farti allarmare dalla freddezza o dal distacco con il quale, di tanto in tanto, parli del bebè al sicuro nel grembo della tua partner. *Quando nascerà tuo figlio, in sala parto, nascerai anche tu nelle vesti (nuove) di super-papà.* Questa è una piccola-grande verità che, per quanto possa sembrarti banale, ti risparmierà tante (inutili) sofferenze nel corso dei nove mesi di gravidanza. Non preoccuparti di come ti senti ora o domani. Entra in sala parto, partecipa attivamente al miracolo della vita e sii il compagno che la tua partner ha scelto di volere al proprio fianco in un momento di sofferenza, di paura e di cambiamento.

Stringi la mano alla tua dolce metà e cancella dal vocabolario quell'insieme di frasi di (finto) incoraggiamento che potrebbero umiliare o gettare la futura madre in apprensione. No a «*Lo hanno fatto tutte, ce la farai anche tu*», no a «*La mia collega di lavoro ha partorito due gemellini senza l'anestesia*», no a «*Che vuoi che sia, il personale medico ne avrà viste di peggiori*». Aiuta la neomamma come solo tu sai fare. E nel caso in cui decidessi di *non* entrare in sala parto, parlane con lei e cerca di comprendere se, in cuor suo, spera di averti al proprio fianco. Ricorda: *sei libero di scegliere*. Per quanto difficile, non lasciarti condizionare dal «sentito dire» comune, da quello che i tuoi amici, i tuoi parenti o i tuoi colleghi di lavoro dicono sia «giusto» fare. *Sii fedele a te stesso, sii quello che sei.* Quest'ultimo è un consiglio universale, giusto? *E allora perché non dovrebbe esser valido anche nel giorno più importante della tua vita?* Sappi soltanto che attendere la nascita del bebè fuori dalla sala parto, seduto su una fredda poltroncina in plastica, significa rinunciare al bacio più bello e appassionato che tu possa dare all'amore della tua vita, quando tutto sarà finito e il bebè sarà finalmente tra le tue braccia o tra quelle di un infermiere premuroso. In sala parto, nonostante il tremore delle gambe e il battito del cuore accelerato che ti rimbomberà nelle orecchie, ti renderai conto di avere dinanzi a te un *nuovo inizio*. L'emozione è tanto forte, dirompente e liberatoria, *lettore*, da non poter essere descritta né parole né attraverso le immagini di qualche sceneggiato in TV. Ad ogni modo, mi auguro di averti dato un'idea di quel che ti attende.

Di conseguenza, stai tranquillo e non farti dominare dall'ossessione di non essere all'altezza del compito che ti attende. *Supporta* – o forse dovrei dire, *sopporta* – la neomamma che ti sta accanto con la consapevolezza di essere indispensabile per lei e per il bebè che porta in grembo. Lasciati rincuorare dalla mia testimonianza e da quella di altri padri che – partendo dai tuoi stessi dubbi amletici – hanno finalmente compreso di essere diversi, unici e bravissimi... *esattamente così!*

L'unico mantra che dovrai ripeterti nel terzo (e ultimo) trimestre di gestazione è il seguente: «*Sono indispensabile!*». Tienilo bene a mente anche durante le delicatissime fasi del travaglio, del parto e del rientro a casa. Accetta il fatto di sentirti, di tanto in tanto, trascurato dalla tua dolce metà e trova in tuo figlio la forza e la motivazione di cui hai bisogno per superare gli ostacoli di una vita *nuova di zecca*. Ma questa è un'altra storia, ne parleremo in maniera più approfondita nel prossimo capitolo.

Per il momento, interrompo lo *spiegone* per passare in rassegna le informazioni che devi assolutamente conoscere prima di entrare in sala parto.

Mettiti comodo, prendi carta e penna e metti nero su bianco la *to-do-list* di oggetti, documenti e accessori vari ed eventuali che sarà opportuno preparare prima del *grande giorno*.

A proposito...

## Il travaglio dalla A alla Z - Una guida pratica per capire quando (e perché) raggiungere l'ospedale

È un grande classico: quando la presunta data del parto si avvicina, le lancette dell'orologio rallentano e ogni istante di attesa si trasforma in una combinazione sapientemente bilanciata di pensieri, aspettative e preoccupazioni. *Perché il piccolo ospite si fa attendere?* Come riconoscere le contrazioni nella maniera corretta? È davvero possibile gestire il dolore? *E se qualcosa non dovesse andare per il verso giusto?*

*Frena, frena!*

Come ho accennato nelle pagine precedenti, le quaranta settimane di gestazione sono puramente indicative. Consentono ai professionisti della salute di suddividere, a grandi linee, gli esami e i test a cui donna e bambino devono sottoporsi. Ne deriva che le future mamme potrebbero partorire allo scoccare della 37ª settimana di gestazione, oppure prolungare l'attesa oltre la 41 ª – spostandosi per casa con passo pesante e un pancione *gonfio*

*gonfio.*

In aggiunta, tieni bene a mente che il travaglio non è un fenomeno repentino e improvviso. La rottura delle acque che viene rappresentata in maniera un po' *pop* in film e serie TV, in realtà, non ha nulla a che vedere con quel che ti attende. Non si tratta di un getto improvviso – come se si fosse aperta una bottiglia di spumante a Capodanno. Di conseguenza, la presenza delle prime contrazioni e la rottura delle membrane non sono elementi sufficienti a indurre il ricovero ospedaliero. Ecco perché è importante mantenere la calma, non farsi prendere dal panico e aspettare pazientemente qualche altra ora (o giorno) all'interno delle quattro mura domestiche. Il segnale di SOS preparto dovrebbe scattare *"se le contrazioni sono regolari, cioè ogni 3 minuti"* – spiega l'ostetrica Giulia Lima – *"oppure in caso di rottura delle membrane o di perdite di sangue rosso vivo: potrebbero essere il segnale di qualcosa di serio, come un distacco di placenta o la placenta previa. Un altro buon motivo per andare in ospedale è se non si percepiscono movimenti fetali da diverso tempo"*. Dati alla mano, sarebbe bene percepire almeno dieci movimenti fetali – tra calcetti e pugnetti di assestamento – nell'arco di 24 ore. Nel caso in cui la tua dolce metà lamenti la presenza di contrazioni frequenti e dolorose, ma ancora irregolari, preparale un bagno caldo. Le contrazioni di Braxton-Hicks (preparatorie), infatti, sono più intense e intermittenti di cui la tua partner farà esperienza in sala parto, durante il travaglio vero e proprio. Nel caso in cui venissero alleviate da una doccia o da un bagno tiepido, sarai certo di non dover guidare *forsennatamente* in direzione dell'ospedale più vicino. I falsi allarmi sono molto comuni; il consiglio è di non affrettare il ricovero. Correrai il rischio di essere rispedito a casa, oppure di trascorrere fino a due giorni in ospedale – quando avresti potuto attendere con la tua dolce metà nel comfort della vostra *casetta*. Conclude Giulia Lima: "Andate in ospedale con calma non rischiate correndo in macchina perché il travaglio può essere lungo. *Non è come nei film*. Prima del parto c'è tempo e bisogna avere pazienza, senza intervenire". Ad ogni modo, è buona norma tenere sempre a portata di mano le chiavi della macchina e la valigia preparto. In prossimità della settimana di ricovero, non dimenticare di fare il pieno di benzina per non rimanere a secco *sul più bello. Fidati di me quando ti dico che tua compagna di vita non sarebbe lieta di partorire in una stazione di rifornimento!*

Come se non bastasse, prepara in anticipo gli oggetti must-know per un parto con i fiocchi.

**Per la mamma**

- Pochette contenente i prodotti per l'igiene personale (spazzolino, dentifricio e detergente intimo in primis).

- Asciugamani puliti.

- Slip usa e getta.

- Vestaglia con bottoni sul davanti per favorire l'allattamento al seno e semplificare le visite di routine dopo il parto.

- Ciabatte di gomma o infradito per la doccia.

- Tre paia di calze.

- Assorbenti notte per flusso abbondante *(solitamente forniti in ospedale)*.

**Per il bebè**

- Tre tutine con le maniche corte.

- Tre tutine con le maniche lunghe.

- Sei paia di calzini.

- Sei body in cotone leggero.

- Una copertina di lana.

- Cappellino in lana o in cotone.

Nel caso in cui la tua compagna di vita esprimesse il desiderio di allattare in maniera naturale, meglio evitare di portare con te ciucci o biberon.

Per quanto riguarda la documentazione necessaria al ricovero, metti in valigia i documenti (carta d'identità e tessera sanitaria con codice fiscale) e gli esami del gruppo sanguigno, l'eventuale test di Coombs, il toxotest, il risultato delle ecografie effettuate in ognuno dei tre trimestri, l'eventuale cartella contenente le informazioni anestesiologiche – rivolgiti al tuo medico di base per maggiori informazioni, soprattutto nell'eventualità in cui la tua dolce metà fosse soggetta ad allergie a determinati eccipienti farmacologici – e il tampone vaginale.

In chiusura, permettimi di concludere con un consiglio di ordine generale. Non farti prendere la mano ed evita di impacchettare un bagaglio che sembri piuttosto un trasloco intercontinentale! I borsoni troppo grandi, pesanti e ingombranti non faranno che complicare gli spostamenti: almeno che tu non abbia richiesto una stanza tutta per te in clinica privata, è molto probabile che altre neomamme divideranno gli spazi con la tua partner. *Tra trolley, buste e pochette, rischierai di rimanere fuori dalla porta per mancanza di spazio!*

# Home Sweet Home!

## La prima settimana tra allattamento, ruttini e pannolini radioattivi: una guida pratica per sopravvivere

*Congratulazioni, papà!*

L'ultimo arrivato in famiglia è una *creaturina* tutta pianti e singulti, circondata dall'affetto di amici e parenti. E mentre il piccolino passa di mano in mano come fosse un pallone da rugby e la neomamma si concede un po' di meritato riposo, ti rendi conto di essere tu il «*genitore in carica*». Mi riferisco al fatto che tante persone, stipate all'interno di un corridoio o di un'ala ospedaliera, potrebbero mettere a dura prova il bisogno di intimità, di privacy e di sicurezza ardentemente desiderato dalla tua dolce metà. Senza dimenticare che il contatto pelle a pelle del *cucciolo* dev'essere stabilito nelle primissime ore di vita al fine di favorire un legame indissolubile con il seno della mamma, con la voce del papà e con le coccole dei due *emozionatissimi* genitori. Di conseguenza, prima di lasciare che un'orda di parenti irrompa in casa e prenda a vantarsi delle proprie competenze *parentali,* è opportuno organizzare la prima settimana con (largo) anticipo.

**Punto numero 1**: tra i tanti amici di famiglia, zii e cugini di secondo o terzo grado che busseranno alla tua porta come reduci da un pellegrinaggio religioso, ti renderai conto dell'esistenza di due macrocategorie di ospiti: coloro che ti chiederanno seduta stante «Posso prenderlo in braccio?» e coloro che, di contro, si terranno a debita distanza dal *cucciolo di umano* per rintanarsi negli angoli più remoti del tuo salotto. Lasciare che amici e parenti cullino il pargolo è un'ottima idea per riposarti un po' e per assicurarti che la tua compagna di vita abbia tutto il necessario post-partum. Ad ogni modo, è opportuno valutare le skills dei potenziali babysitter con un occhio di riguardo alla salute e al benessere del bebè. In primo luogo, dunque, chiunque prenda in braccio il tuo piccolo *urlatore* sarà tenuto a lavarsi le mani con accuratezza. Il sistema immunitario di un neonato è ancora parziale e compromesso, motivo per cui un semplice raffreddore potrebbe attecchire seduta stante – complicando ulteriormente le prime settimane e l'avviamento dell'allattamento al seno.

In secondo luogo, assicurati che il *«papà o la mamma temporaneo»* siano rilassati. Proprio come gli animali, anche i bambini dispongono di un sesto senso *sviluppatissimo*. In altri termini, un neonato sonnecchiante comincerà a piangere a pieni polmoni se «*sentirà*» il nervosismo di chi lo tiene tra le braccia. Più la persona si comporterà in maniera tranquilla ed esperta, maggiori saranno le chance di garantire al piccolino un sonno ristoratore.

Infine, ricorda di afferrare il bebè in posizione comoda. Sempre. Non farti prendere dal panico; trova una seduta, incrocia le braccia sul grembo e chiedi di posarvi delicatamente il lattante, in modo tale che appoggi tra gli incavi interni dei gomiti. Non dimenticare di sorreggere la testa dell'ultimo arrivato in famiglia. Quella che ti ho descritto è una tra le posizioni più apprezzate (e raccomandate) per i neonati.

**Punto numero 2:** dividiti tra le esigenze del bambino e le richieste della tua partner. La neomamma non si sentirà in forma. *È naturale.* Il suo corpo ha subito una sollecitazione biologica equivalente all'impatto di un tir contro una bicicletta *(elettrica, va').* È molto probabile che trascorrerà le prime settimane spaparanzata sul divano, sul letto e sulla poltrona del vostro salotto, indossando un paio di pantaloni della tuta e riducendo al minimo la cura di sé e l'igiene personale. Non farle pesare il suo senso di sfinimento, ma sii *comprensivo* e *partecipativo*. Da un lato, infatti, la neomamma dovrà fare i conti con vertigini, sudorazione eccessiva, vampate di calore, eventuale rottura dei capillari oculari a causa dello sforzo delle spinte in sala parto, dolore al seno, crampi all'addome, intorpidimento delle dita delle mani e dei piedi, e piedi gonfi. Come se non bastasse, dall'altro lato patirà alcuni fastidiosissimi problemi vaginali (l'irritazione in primis), così come minzione dolorosa, emorroidi, stitichezza ed emorragie abbondanti anche dopo le perdite vaginali avute in ospedale.

*Niente paura, però.* Non sei condannato a condividere l'ambiente domestico con una versione dimessa e disordinata della tua dolce metà *vita natural durante.* Se tutto procede per il verso giusto, in appena tre settimane potrai riabbracciare una variante (meno) dolorante della madre di tuo figlio.

**Punto numero 3**: il dubbio esistenziale dall'allattamento. *Allattamento artificiale o al seno? Questo è il dilemma!* Il contenzioso ha una storia decennale. E per quanto la scelta finale ricada sulla futura mamma, di seguito trovi qualche informazione che potrà aiutarti a dissipare i dubbi più frequenti sulla questione.

- **Valore nutrizionale**: il primo «punto» della contesa viene assegnato al latte materno. Quest'ultimo è ricco di enzimi e anticorpi di prima scelta, muta la sua conformazione a seconda delle esigenze nutritive del neonato e non costringe il super-papà a verificare l'assenza di ingredienti potenzialmente allergenici per l'ultimo arrivato in famiglia.

- **Praticità**: il latte materno vince la partita anche in merito alla comodità d'uso. Non è necessario riscaldarlo o prepararlo nell'apposito biberon. È sempre a *portata di capezzolo* e consente al bambino di riempirsi lo stomaco senza la pressione di un genitore preoccupato che lo esorta al grido di «*Quasi finito, quasi finito!*».

- **Ripresa della neomamma dopo il parto:** il latte materno ha il vantaggio di favorire il corretto «risveglio» dell'organismo materno. Per quanto possa sembrare improbabile, infatti, la suzione del *cucciolo di umano* contribuisce a riportare l'utero alle sue dimensioni originarie. Al contempo, l'attività di allattamento permette alla mamma di dimagrire a tempo di record e di ritornare alla forma fisica pre-gravidanza – *un vantaggio, quest'ultimo, che sicuramente catturerà la sua attenzione!*

- **Costi**: il latte materno batte il latte artificiale per K.O.! Senza dimenticare che i neonati allattati al seno hanno minori possibilità di rigurgitare il lauto banchetto! *Con un po' di fortuna riuscirai a risparmiare anche sui costi della lavanderia...*

- **Stress e benessere mentale della neomamma**: è tempo di elargire il primo punto di consolazione al grande sconfitto della contesa: *il latte artificiale, ovviamente.* Non commettere l'errore di sottovalutare, infatti, il grande *contro* dell'allattamento al seno. Il bambino dovrà ricevere la pappa tanto agognata con una frequenza di due ore circa, costringendo la neomamma a *bruschi* risvegli nel cuore della notte. Per giunta, la genitrice potrebbe ritrovarsi schiacciata dalla preoccupazione per eccellenza: *il piccolino mangia a sufficienza?* Lo stress regnerà sovrano *(almeno per qualche settimana...)*

Per dovere di cronaca, dunque, è doveroso ricordarti che la scelta di allattare in maniera naturale è una *sfida con la S maiuscola* che interessa tanto la mamma, quanto il papà (per via indiretta). Tuo è il *gravoso compito* di alzarti dal letto nel cuore della notte, recuperare nella culla il bebè avvolto nella copertina – ancora con gli occhi gonfi e impastati dal sonno – e presidiare la poppata notturna affinché la tua dolce metà possa restare nel dormiveglia.

Per riuscire nell'intento, avvicina il bambino al seno della mamma, verifica che si attacchi nella maniera corretta e trasferiscilo da un capezzolo all'altro fino a quando non sarà pronto per emettere il tanto atteso *ruttino.* <u>A partire dalla quarta e dalla quinta settimana post-partum</u>, avrai la possibilità di offrire al bebè il primo biberon. La lieta notizia? Preparati a un *ruttino* che farà tremare i vetri delle finestre, dal momento che l'aria ingerita nel corso dell'allattamento artificiale è di gran lunga superiore a quella ingoiata durante la suzione al seno. *Il tuo piccolo leoncino apprezzerà gli sforzi paterni con un rigurgito paragonabile a un ruggito della savana!*

## A proposito di ruttino...

*Mio caro lettore,* non venirmi a dire che non sarai invaso da un moto di felicità quando il tuo bebè in carne, ossa e capelli scompigliati farà il suo primo ruttino tra le tue braccia! Tra i compiti che ti aspettano nel corso della prima settimana post-partum, quello racchiuso in queste pagine è senza dubbio il più… *piacevole!* Un po' perché non ti costringerà a disturbare la tua dolce metà, un po' perché la sua esecuzione è semplice, chiara – *oserei dire ingegneristica!* Dopo una serie di manovre opportune, otterrai il tanto agognato risultato finale. Resta da capire come prendere in braccio il bambino per riuscire nell'intento:

- **Tecnica numero 1**: colloca il lattante sulle tue ginocchia rivolgendolo all'esterno; piegalo dolcemente in avanti e poggiagli una mano sul mento e sul petto, l'altra dietro la schiena per invitarlo a fare il ruttino. Non dimenticare di sorreggergli la testa con attenzione, affinché la posizione sia non soltanto efficiente, ma anche confortevole!

- **Tecnica numero 2**: tenendo un braccio sotto il sederino del bebè, fai in modo che la sua testolina poggi sulla tua spalla. A questo punto, massaggiagli la schiena con la mano libera e tenta il «tutto per tutto» con qualche pacca affettuosa.

- **Tecnica numero 3**: siediti in poltrona in compagnia della piccola peste di casa e gira il bambino sulla schiena. In altri termini, la sua testolina dovrà poggiare sul primo ginocchio, il suo stomaco sul secondo. Dopo avergli messo una mano sul sederino per stabilizzare la posizione, picchiettagli sulla schiena fino all'ottenimento del «*burp!*» tanto sperato.

*Ottimo lavoro, papà!*

*Piccolo consiglio extra*: quando il neonato avrà imparato a tenere la testolina in posizione eretta senza bisogno del tuo aiuto, utilizza un metodo da *110 e Lode*. Poggia il bebè sulle tue ginocchia girato verso l'esterno, prendilo sotto le ascelle e fallo roteare in cerchio, dolcemente, in modo tale da stimolare la risalita delle bolle gassose in superficie. Il vantaggio? Potrai ridurre drasticamente le chance di rigurgito improvviso – a proposito, ricorda di prepararti all'impresa del ruttino con dei vestiti «da battaglia» - e, come se non bastasse, lo farai scoppiare in una risata divertita. Ad ogni modo, attento a non esagerare: meglio non inclinarlo o *sbatacchiarlo* troppo!

Dopo un lauto pasto a base di latte materno, è opportuno che il bebè faccia almeno due ruttini prima di tornare in culla. Il primo a metà poppata lo aiuterà a liberare un po' di spazio nello stomaco; il secondo *«burp!»* gli permetterà di digerire a tempo di record, sonnecchiando comodamente nella sua culla di ultima generazione.

*Una vita invidiabile, non credi anche tu?*

## Strategie basic & advanced per cambiare il pannolino a tempo di record

Super-papà, riesco quasi a immaginare i pensieri che ti frullano per la testa: «Beh, su questo punto mi trovi impreparato... *Cambiare un pannolino è difficilissimo!*». Tempo al tempo! È probabile che i primi tentativi mettano a dura prova i tuoi nervi saldi – un po' come una partita all'Allegro Chirurgo, - ma ho una buona notizia da darti: soltanto nel primo anno di vita del fanciullo avrai il privilegio (?) di cambiare più di 2000 pannolini. In poco meno di un mese potrai dirti un vero esperto, un sommelier, un artigiano della popò radioattiva dell'ultimo arrivato in famiglia. Di conseguenza, ricorda di prestare molta attenzione alle informazioni che ho deciso di condividere con te, perché gesti impacciati e abitudini sbagliate potrebbero essere responsabili di fuoriuscite sgradevolissime e di irritazioni cutanee nell'area genitale del pargolo.

- **L'occorrente**: un pannolino nuovo, delle salviettine umidificate baby, un asciugamano di medie dimensioni e un fasciatoio – in alternativa, puoi fare affidamento su una qualsiasi superficie liscia e piana sufficientemente ampia per sistemarvi il bambino.

- A questo punto, fa un bel respiro profondo e solleva il bambino per le caviglie con una sola mano. La presa è la seguente: il pollice si stringe attorno alla prima caviglia, l'indice scivola in mezzo alle due gambine e le altre dita si stringono attorno alla seconda caviglia. In questo modo, non provocherai fastidiosi sfregamenti.

- Dopo aver sollevato le gambine di tuo figlio in alto, metti un pannolino nuovo e profumato sotto quello da cambiare. In questo modo, potrai limitare i danni nel caso in cui la peste di casa decida di liberarsi a metà dell'operazione (sì, succede...).

- Richiudi il pannolino sporco con gli appositi contorni adesivi e/o fascette. In questo modo, sarai certo che non si incolli inavvertitamente alla pelle del tuo angioletto nel corso della delicatissima operazione «smaltimento rifiuti tossici».

- Dopo aver sfilato il pannolino da cambiare con la mano libera, tenendo il bebè con l'altra, fai scorrere il sederino sotto il pannolino nuovo. Arrivato a questo punto, puoi armarti di salviettine. Per i maschietti, pulisci lo scroto con una spugnetta al fine di eliminare eventuali residui fecali. Per le femminucce, serviti di una salviettina umidificata baby per pulire la zona genitale partendo dal retto. L'accortezza ti consentirà di evitare il rischio di infezioni vaginali.

- Fatto? Non ti resta che chiudere il pannolino nuovo, servendoti delle fascette adesive su ambo i lati. Il consiglio è di verificare che tra il pannolino e la cute del bambino ci sia spazio per infilare circa due dita. In caso contrario, ripeti l'operazione evitando di stringere troppo. *Le irritazioni della pelle super-delicata di tuo figlio sono sempre in agguato!*

*Tutto chiaro?*

Per amor di completezza ti ricordo di non lasciare <u>mai</u> il bambino incustodito sul fasciatoio o sulla superficie piana da te scelta (no, l'asse da stiro non è una contemplata tra gli oggetti domestici *stabili*). Non hai neppure idea di quanto sia semplice perdere di vista il bebè nel tentativo di pulire e sanificare la casa, dando prova alla tua dolce metà di essere un genitore *multitasking*. Per non rischiare, il suggerimento è di riporre il bimbo nella culla e <u>solo successivamente</u> di sterilizzare l'area del... *delitto!* Potrai prenderti tutto il tempo di cui hai bisogno per igienizzare a fondo il fasciatoio, senza farti prendere dal panico al minimo guizzo del pargolo.

# CONSIGLI PRATICI PER DORMIRE CON UN NEONATO DI 0-3 MESI

B orse nere sotto gli occhi. Espressione stralunata. Faccia gonfia e affaticata. No, non è l'identikit di un campione di boxe alle prese con il match più importante della stagione, ma quella di un neopapà stanco ed esasperato per via delle notti insonni trascorse in compagnia delle grida e degli strepiti emessi a gran voce dall'ultimo arrivato in famiglia. *Mio caro lettore*, vorrei tanto rivelarti la «formula magica» che ti permetterà di garantire un riposo ottimale a te e al tuo bebè, ma non sono qui per illuderti con false promesse e ancor più vane speranze. La verità è che quando si parla di neonati, è possibile suggerire delle indicazioni di massima, invitando i genitori a introdurre semplici abitudini che *potrebbero* – e pongo l'accento sull'uso del condizionale – aiutarli a gestire il momento della nanna con maggiore serenità. Ad ogni modo, la personalizzazione è indispensabile: ogni famiglia è portatrice di ritmi, routine e tempistiche uniche e inimitabili. Non posso fornirti «la pappa pronta», ma posso riassumere in poche pagine il meglio di quanto viene consigliato quotidianamente da educatori e pedagogisti. Con il passare delle settimane, infatti, ti renderai conto che la mancanza di un riposino notturno *tutto d'un fiato* finirà per avere un impatto distruttivo non soltanto sul tuo umore, ma anche sulle prestazioni domestiche e lavorative. Sì, perché mentre la vita diurna «là fuori» proseguirà tutto sommato inalterata, quella notturna all'interno delle quattro mura di casa subirà uno degli sconvolgimenti più temibili e impressionanti della tua esistenza – paragonabile soltanto allo slancio ribelle degli adolescenti al culmine del loro climax ormonale. E se credi che le mie parole abbiano lo scopo di spaventarti – beh – ti sbagli di grosso. Voglio prepararti al peggio, così che tu possa mantenere la calma anche quando i tuoi livelli di stress romperanno il soffitto e compiranno un paio di giri in orbita attorno alla Terra.

Ora, dati alla mano, il ritmo *sonno-veglia* è una cosa seria, anzi, serissima. Il Premio Nobel per la Medicina nel 2017 venne assegnato a tre scienziati – Young, Hall e Rosbash, firmatari di una ricerca incentrata sul gene alla base dei ritmi circadiani (il *period*) – che indagarono il modo in cui l'organismo umano stabilisce l'alternanza giorno-notte anche all'interno di luoghi chiusi, cioè isolati dalla luce del sole. Si è giunti alla conclusione che un sonno suddiviso in micro-sessioni da un paio d'ore ciascuna non consente di ricaricare le energie. *Zero. Nada.* E se l'esperienza notturna dei genitori alle prime armi può dirsi tollerabile durante la prima settimana di vita del bebè, lo stesso non avviene dopo lunghi mesi di sveglie settate agli orari più improbabili, con l'ansia di accorrere alla culla per verificare che il bimbo sia in salute, al sicuro e con il pancino pieno.

Ad ogni modo, non farti prendere dal panico. Le notti insonni ti metteranno a dura prova, ma tutti – in un modo o nell'altro – riescono a superare la fase di adattamento. Qui di seguito trovi la mia personalissima classifica delle *best-practices* che ti aiuteranno a normalizzare il ritmo *sonno-veglia* del bebè.

- Abitua il neonato a prender sonno sempre nello stesso ambiente. A te la scelta: posizionerai la culla vicino al letto matrimoniale, nella cameretta del bimbo o direttamente in *bed sharing*, dividendo il materasso con l'ultimo arrivato in famiglia? Occhio ai fratellini, però: l'abitudine di schiacciare un pisolino in compagnia di mamma e papà rischia di costringere i neogenitori a commissionare un letto a 6 piazze realizzato su misura! Il mio suggerimento è di preparare lo spazio per la nanna in maniera progressiva, rilassante. Abbassa le luci della stanza, imposta una playlist di musica strumentale in sottofondo e culla il bebè tra le tue braccia.

- Sii costante anche negli orari destinati alla nanna. Se il pargolo si abituerà a prender sonno sempre alla stessa ora, la famiglia potrà tirare un sospiro di sollievo e adattarsi gradualmente ai ritmi dell'ultimo arrivato. Con il passare dei mesi, le prassi *pre-pisolino* cambieranno in accordo alle mutevoli esigenze del fanciullo.

- *E luce fu!* L'illuminazione artificiale ha un impatto «eccitante» sulla mente del bambino. Ecco svelato il motivo per cui gli esperti consigliano di preservare la luce naturale nelle prime ore del pomeriggio, riducendo l'esposizione notturna il più possibile. Al contempo, spalanca le saracinesche al mattino, quando il pargolo sarà in dormiveglia, sul punto di svegliarsi. La corretta alternanza di *luce-buio* contribuirà a stabilizzare il ritmo *sonno-veglia* del bebè.

- *Ipernutrizione no grazie!* Sono molti i neogenitori alle prime armi che, terrorizzati dall'idea che il piccolo mangi troppo poco, consentono al pargolo di appisolarsi al seno o al biberon. Fino al terzo mese di vita potrebbe essere difficile riconoscere i segni dell'*abbiocco* nel neonato; da quarto mese in poi, ad ogni modo, ti suggerisco di abituare il bebè a dormire sempre e solo nella culla/lettino. Al contempo, sarebbe bene tenere a freno i (rumorosissimi) risvegli notturni del pargolo con una razione extra di pappa o latte. Per stabilizzare il consumo di acqua o di cibo prima di andare a dormire, è possibile calmare i singulti dell'ultimo arrivato in famiglia con un degno sostituto – il ciuccio o un peluche multicolore in primis.

- Facciamo un salto nel futuro – *oplà* – e cerchiamo di comprendere come gestire i capricci *pre-nanna* di un <u>bimbo svezzato</u>. Gli esperti sono concordi nel sottolineare **A)** l'importanza di un consumo di liquidi adeguato durante il giorno e **B)** il vantaggio di una dieta con alimenti a base di fibre e triptofano per normalizzare le montagne russe della futura melatonina. Di conseguenza, via libera a prelibatissimi piatti a base di legumi, cereali, pesce azzurro, ma anche verdure verdi e carni bianche.

*Post-Scriptum:* non dimenticare di tenere gli schermi luminosi (TV, tablet e smartphone) fuori dalla stanza da letto in cui sonnecchia la piccola peste di casa. L'illuminazione artificiale dei *devices*, infatti, inibisce l'addormentamento e rischia di concorrere alla comparsa dei primi sintomi responsabili dell'insonnia infantile.

Ora, riesco quasi a immaginare i pensieri che ti frullano per la testa: «La fai facile tu. Mi sembra di essere alle prese con un *dittatore in miniatura,* soprattutto nelle ore notturne!».

*Mio caro papà*, ti capisco – oh, come ti capisco! I padri di tutto il mondo – da quelli di New York a quelli di Sidney, da quelli di Istanbul a quelli di Buenos Aires – non sono mai esenti dal *calvario-sonno* dei primi due-tre mesi post-partum. Ed è altrettanto normale patire le difficoltà emotive e cognitive connesse alla deprivazione di sonno. Le più comuni? Ansia, depressione, solitudine e un senso di impotenza che, nel migliore dei casi, ti indurrà a crogiolarti in una *disperazione con la D maiuscola*.

Eppure, con il passare delle settimane, ti renderai conto di un fatto assai curioso: il piccolo sembra bilanciare i ritmi di vita all'interno delle quattro mura domestiche. E anche tu, forte dell'esperienza maturata vis a vis con la peste di casa, senti di essere pronto a intervenire in maniera più efficace nel caso in cui il pargolo non dà segni di voler interrompere la *lagna* notturna.

A proposito, prima di inserire un'inserzione intitolata «*Neonato vendesi*» tra le pagine del quotidiano locale, ti suggerisco di tentare la tecnica salva-nottata di una *sleep coach* americana, Kim West. E se ti stai chiedendo «*E chi diamine è una sleep coach?*», sappi che i genitori esasperati d'Oltreoceano hanno preso la (buona?) abitudine di stipendiare gli esperti del sonno infantile affinché si occupino dei capricci notturni dei neonati, consentendo alla mamma e al papà di recuperare le energie e di presentarsi in ufficio, il giorno seguente, senza somigliare a una comparsa realistica di uno *zombie cinematografico*. La strategia della West consiste nel coccolare il bebè fino a quando non prende sonno, <u>diminuendo gradualmente il tempo trascorso accanto alla culla nei giorni a seguire</u>. L'efficacia di questa forma di *autonomia* e di *indipendenza* progressiva viene confermata da molteplici studi di settore, secondo i quali i bambini avrebbero bisogno di routine pre-nanna cucite su misura per loro, al fine di dormire senza brusche interruzioni.

Ad ogni modo, non credere alla *frottola* dei miglioramenti a tempo di record e dei risultati ottenuti con uno schiocco di dita. La verità è che le buone abitudini notturne attecchiranno a partire dal quarto o dal quinto mese di vita del neonato.  Le prime settimane dei neopapà alle prese con le lamentose interruzioni notturne avranno un non-so-che di surreale; un mix sapientemente bilanciato di giornate apparentemente identiche tra loro, scandite da poppate, pannolini da cambiare, ruttini e pisolini intervallati da ruggenti grida di disappunto. Non sorprende che un padre «appena nato» assuma, dopo appena una settimana dal rientro a casa, l'aspetto dimesso e un po' confusionario di una matricola di Medicina o di Ingegneria al primo tirocinio.

Di conseguenza, qui sotto trovi un'altra manciata di tecniche pratiche per favorire il sonno del neonato. *Funzioneranno?* Forse sì, forse no. Difficile stabilirlo a priori. È più probabile che l'unica strategia *realmente efficace* per acquietare il tuo bambino si riveli, con il passare delle settimane, una combinazione di tutti i consigli contenuti nelle pagine del manuale che stringi tra le mani. In altri termini, non aver paura di sperimentare e di intuire le esigenze lagnanti dell'ultimo arrivato in famiglia in virtù del tuo *sesto senso da super-papà.*

- *La, la, la!* I neonati non hanno mai assistito a una competizione canora, motivo per cui non potranno rendersi conto di stonature meritevoli di un *lancio di pomodori.* Eppure, le **melodie semplici e orecchiabili** hanno su di loro un effetto ipnotico – soprattutto quelle monocorde, bada bene. Opta per i grandi classici, come *Alla fiera dell'Est* o *Nel blu dipinto di blu.* Quando il pargolo si dimostrerà via via meno partecipativo e darà i primi segni di cedimento, comincia a canticchiare a voce più bassa, lentamente, fino a quando non si addormenterà stremato dalle tue *performances* musicali.

- La **poppata** è l'attività più amata dai bebè (e come dargli torto?) ma anche la più stancante. Generalmente, dopo un pasto abbondante, noterai comparire sulla faccina paffuta e rosea di tuo figlio un'espressione appagata e un po' ubriaca. *È tempo di fare la nanna, non ci sono dubbi!*

- Otto Rank, psicoanalista austriaco, membro della scuola freudiana fondata nella Vienna della prima metà del Novecento, diede alle stampe, a suo tempo, un libro rivoluzionario: *Il trauma della nascita* (1924). Tra le pagine del *masterpiece* psicoanalitico, il ricercatore ipotizza che la sofferenza psicofisica di bambini e adulti derivi dall'interruzione brusca e permanente della cosiddetta simbiosi *madre-figlio* – quella di cui il bebè fa esperienza per nove mesi (settimana più, settimana meno) nel grembo della genitrice. Traducendo il pensiero di Rank in *parole povere* – non tutti i neopapà hanno una laurea in Psicologia, dopotutto – possiamo trovare una giustificazione (parziale) ai comportamenti d'insofferenza attribuiti di frequente agli ultimi arrivati in famiglia. Dalla mancanza di fame, sete e freddo all'interno del pancione della mamma, caldo e sicuro, i bebè sono catapultati da un istante all'altro in un mondo misterioso, spaventoso e ricco di stimoli (interni ed esterni) potenzialmente negativi, dannosi – quelli che la psicoanalisi chiama *pulsioni primarie*. Ecco svelato il motivo per cui ricercatori di ogni ordine e grado suggeriscono ai neogenitori di favorire il sonno del neonato mediante la pratica dell'avvolgimento. Per ricreare le condizioni di calore, silenzio e pace del ventre materno, prova a fasciare il lattante, oppure collocalo nell'ovetto. Il tuo cantante lirico in miniatura si addormenterà con maggiore facilità e dimenticherà – *come per magia* – il trauma della nascita teorizzato dallo psicoanalista austriaco.

- Ad ogni modo, è proprio vero che il bambino, nel ventre della genitrice, è stato trattato da vero *principino*. «*Si è abituato male...*» - direbbe la madre del mio pargoletto, che non perde occasione di sgridarmi per la tendenza che ho a viziare nostro figlio. Ancor prima della nascita, infatti, il lattante è cullato <u>da movimenti materni ipnotici e costanti</u>. E ora che è planato sulla terraferma, pretende un trattamento se non analogo, quantomeno simile. Di conseguenza, per ricreare un effetto di moto perpetuo e cullante ti suggerisco di affidarti a uno speciale dondolino elettrico – se ne trovano molti in commercio e potrebbero agevolare la sopravvivenza domestica nei primi mesi di adattamento. In alternativa, opta per lunghi, anzi, lunghissimi vagabondaggi in macchina con il bebè opportunamente collocato sul sedile posteriore. Ah, dal momento che il prezzo della benzina è ormai proibitivo, valuta di acquistare un marsupio per le passeggiate all'aria aperta, così da sostituire al combustibile fossile l'energia naturale delle tue gambe di *super-papà*.

*«Tutto molto interessante, ma se queste tecniche non dovessero funzionare? Diventerò una comparsa nella nuova stagione di The Walking Dead o di un film di Dario Argento?».*

Prima di disperare (del tutto), affidati a un altro metodo semi-infallibile: il rumore bianco. No, niente a che vedere con i canti di un coro Gospel, non preoccuparti. Il rumore bianco viene considerato un potentissimo induttore di sonno in adulti e bambini; consente **A)** di coprire tutti i rumori indesiderati che potrebbero trasformarsi in veicoli di distrazione – come la suoneria di uno smartphone o il «*Driiin*» di un citofono, ad esempio – ma anche **B)** di riprodurre un ambiente ovattato e protetto, molto simile a quello di cui il bebè ha fatto esperienza all'interno dell'utero materno.

Dunque, dunque, immagino di aver catturato la tua attenzione. Ebbene, se ti stai chiedendo come ricreare il rumore bianco, hai dalla tua una serie di valide alternative:

- Prova ad accendere un ventilatore o un depuratore dell'aria nella cameretta del neonato.

- Lascia andare l'asciugacapelli (alla potenza più bassa) o l'aspirapolvere della casa.

- Anche il rumore di un acquario potrebbe conciliare il sonno, seppur questo tentativo sia senza dubbio il più costoso di tutti.

- In alternativa, apri la barra di ricerca di YouTube e digita la voce: *white noise playlist* oppure, *rumore bianco 1 ora.*

Ora, prima di abbandonare il bebè nella sua cameretta con un phon *a tutto spiano,* ricorda che a lungo andare il rumore bianco potrebbe trasformarsi in una fonte di disturbo e di disagio. Di conseguenza, vigila sul bebè e stacca gli elettrodomestici casalinghi non appena ti rendi conto che, *beh*, il lattante non ha alcuna intenzione di prender sonno cullato dal «*VROOOM!*» dell'aspirapolvere. In ogni caso, il rumore bianco è un toccasana per i papà alla disperata ricerca di metodi pro-nanna. Funziona? *Sì, nell'85% dei casi.*

Prima di lasciarti al prossimo capitolo, ti ricordo che le competenze acquisite in occasione della prima paternità ti consentiranno di aiutare centinaia – *ma che dico?!* – migliaia di altri *neogenitori* alle prese con gli ostacoli della crescita infantile. Condividi le tue tecniche di *addormenta-*

*mento facile* e se sei alla ricerca di nuove possibilità di carriera, valuta di trasferirti Oltreoceano per vestire ~~i panni~~, ehm... *il pigiama* di uno *sleep coach* neonatale.

# Bagnetto, biberon, colichette e altre sfide quotidiane

*Mio caro lettore,* un manuale di sopravvivenza per papà acrobati e un po' equilibristi non può saltare a piè pari le piccole-grandi sfide della quotidianità: l'utilizzo del tiralatte, la preparazione del biberon (troppo caldo o troppo freddo?), ma anche il bagnetto (senza allagare l'appartamento, possibilmente) e le passeggiate all'aria aperta che consentono al neonato di fare esperienza del mondo e ai genitori di tornare gradualmente padroni della propria vita. Il capitolo in questione contiene tante, tantissime informazioni; alcune sono desunte dalla mia esperienza diretta nei panni di papà, altre sono il risultato di una chiacchierata a quattr'occhi con educatori, pedagogisti e pediatri incontrati durante il mio pluriennale percorso di divulgazione.

Non voglio perdermi in chiacchiere. Ti ricordo, ad ogni modo, che potrai approfondire gli aspetti più scottanti della paternità consultando la *bibliografia* allegata al termine del libro che stringi tra le mani: troverai i migliori manuali sulla genitorialità da aggiungere alla tua personalissima libreria per non farti trovare impreparato. *Mai.*

Dunque, dunque, direi di partire da…

## … bolle e schiuma! Una guida pratica per un bagnetto da Re e Regine

*Papà di tutto il mondo, non potete tirarvi indietro!* Il bagnetto è un'attività che richiede polso fermo, concentrazione e un pizzico di *competenze ingegneristiche* – tanto più se intendi evitare *l'effetto-pozzanghera* che manderà su tutte le furie la tua compagna di vita.

*«Non potevi stare più attento, dico io?!»* - è un rimprovero che, soprattutto nel corso del tuo *tirocinio in paternità*, risuonerà nelle tue orecchie come un mantra.

Ad ogni modo, sono qui per darti una mano. Innanzitutto, non sottovalutare la capacità di un lattante di *sporcarsi…* mentre se ne sta spaparanzato nella sua culla, senza far niente! Per quanto possa sembrarti controintuitivo, in assenza di una corretta igiene neonatale, il profumo di bebè che riempie di gioia il cuore dei due neogenitori può trasformarsi in un penetrante… *puzzo di fattoria!*

E non sto scherzando, credi a me. Di conseguenza, è opportuno organizzarsi in maniera tale da lavare la piccola peste di casa tutti i giorni, più volte se necessario. Gli esperti consigliano di ridurre la frequenza del bagnetto soltanto nel caso in cui la cute del bebè dia segni di disidratazione.

***Attenzione, attenzione*** – *comunicazione di servizio*: ricorda di non procedere <u>mai</u> con il bagnetto completo prima della caduta del cordone ombelicale e dell'eventuale cicatrizzazione per circoncisione (nei maschietti). Rimuovi sporco e sudore con una spugna bagnata ed evita l'uso di bagnoschiuma aggressivi.

Passiamo, dunque, all'occorrente per un bagnetto da 110 e lode:

- Vaschetta da bagno per neonati o bacinella capiente.

- Un ampio secchio di plastica.

- Una tazzina di plastica. Meglio tenersi alla larga da qualsiasi contenitore in vetro-coccio per evitare danni irreparabili e potenzialmente dannosi. La combinazione super-scivolosa tra acqua a terra e frammenti taglienti sul pavimento è l'incubo di ogni neopapà.

- Shampoo e detergente per neonati, acquistabili in farmacia, nei negozi specializzati o in tutti i supermercati.

- Due o tre asciugamani asciutti e puliti. Ti ricordo di riscaldarli con il phon prima dei bagnetti invernali, soprattutto se la casa è particolarmente fredda.

- Un asciugamano di grandi dimensioni da tenere a portata di mano, accanto alla vasca, per *imbozzolare* il bebè fresco e profumato dopo il bagnetto.

La seconda domanda a cui trovare risposta è – come nei migliori film d'investigazione e spionaggio – «*dove?*». Dove sistemare la vaschetta-bacinella, mettendo al primo posto la sicurezza del lattante e al secondo la tua comodità? Senza dimenticare che la location del *bagnetto regale* non dovrebbe discostarsi troppo da un rubinetto, almeno che tu non voglia trasportare litri e litri d'acqua in giro per casa, sbuffando e sudando.

Tra le alternative più gettonate:

- Colloca la vasca sul pavimento. È la soluzione più sicura, ma meno confortevole. Nell'eventualità in cui il tuo livello di apprensione sia tale da eliminare qualsiasi ombra di rischio, ti consiglio di disporre sul pavimento e attorno alla bacinella delle buste della spazzatura impermeabili. Inoltre, procurati un cuscino su cui appoggiare le ginocchia.

- Metti la vaschetta per il bagnetto nel lavandino. I modelli mini-portatili sono progettati per agganciarsi al lavandino del bagno con precisione millimetrica. Un'ottima alternativa per i neopapà con il mal di schiena che vogliono limitare i danni da allagamento e avere il rubinetto sempre a portata di mano. In ogni caso, assicurati che il getto d'acqua freddo-caldo non sia rivolto direttamente sulla cute del neonato. Gli sbalzi di temperatura sono responsabili di irritazioni e raffreddori in ogni stagione - «*Etciù!*».

- Come in una *matrioska russa*, poni la vaschetta del neonato all'interno della vasca da bagno. Anche in questo caso, avrai tutte le carte in regola per pulire il lattante alla giusta altezza, limitando il rischio di incidenti. L'unica nota negativa sarà – con ogni probabilità - il tuo mal di schiena post-bagnetto. Di conseguenza, sarà bene procurarsi un cuscino da mettere sotto le ginocchia per limitare i danni. *Non dire che non ti ho avvisato, eh!*

- Infine, tieni in considerazione l'idea di lavare il piccolino in tua compagnia, nella vasca da bagno. Un'esperienza intima, divertente e spensierata che ti consentirà di stringere un legame significativo con l'ultimo arrivato in famiglia. Tuttavia, il bagnetto *«tutti insieme appassionatamente»* è caldamente sconsigliato ai neopapà che non hanno ancora dimestichezza con le procedure di lavaggio classiche. *Porta pazienza e non demordere!*

Dopo esserti sistemato nella maniera a te più congeniale – valutando anche lo spazio di cui disponi nel bagno di casa – è tempo di passare alle tecniche di lavaggio vere e proprie. Quella che trovi di seguito è una guida di base, personalizzabile a seconda della tua esperienza e delle esigenze del fanciullo. In altri termini, se non sai da dove cominciare e temi di fare un *pastrocchio* affidati ai sei passaggi antisporco che ti consentiranno di familiarizzare con la cura e l'igiene dei lattanti.

*Tutto pronto?*

Cominciamo!

**1** – In primo luogo, versa dell'acqua calda all'interno del secchio e della vaschetta in plastica di cui sopra. <u>La temperatura ideale è più che tiepida, ma non bollente</u> – dopotutto, non devi cucinare mezzo chilo di fusilli, no? La prova del nove si effettua con la punta del gomito: se credi sia troppo calda per te, lo sarà anche per il bebè. Non è necessario strafare con la quantità: *dieci centimetri sono più che sufficienti.*

**2** – Spoglia il lattante e mettilo nella vaschetta. Prima che abbia il tempo di scoppiare a piangere a causa dello sbalzo di temperatura, poggiagli sulle spalle una salviettina calda e versagli parte dell'acqua tiepida contenuta nel secchio. L'altra mano dovrà sorreggere il bambino, sempre.

**3** – Aiutandoti con un'altra salvietta, parti dalla pulizia degli occhietti (il movimento parte dalla sommità del naso e si dirige verso l'esterno, non viceversa). Quindi, procedi con la detersione del visino, delle orecchie e del collo. Piccola curiosità (sgradevole): lo sporco dei lattanti si deposita, in particolar modo, tra le pieghe del collo. Queste ultime sono un ricettacolo di batteri in cui si insinuano residui di latte andati a male, ma anche sporcizia, lanugine, briciole e frammenti di cibo vario ed eventuale. Nel caso in cui non vengano lavate con frequenza, potrebbero infettarsi.

**4** – *Mio caro papà*, è tempo di passare alla pulizia del torso, delle braccia, delle ascelle e delle gambine. Ancora una volta, presta attenzione ai tre nascondigli più amati dallo sporco: il retro delle ginocchia, le ascelle e, ovviamente, l'ombelico. Il mio consiglio è di utilizzare il sapone non più di due volte a settimana, servendoti di abbondante acqua tiepida per le restanti. Lo stesso non può dirsi dell'area genitale, che va trattata quotidianamente con saponi intimi delicati. Infine, risciacqua il bambino utilizzando l'acqua residua nel secchio, e aiutati a direzionare «il getto» con la tazzina in plastica.

**5** — Prima di superare il test che decreterà il tuo talento nell'arte del bagnetto infantile, concludi con il lavaggio dei capelli. E dal momento che i neonati disperdono il calore dalla testa, procedi con lo shampoo solo alla fine. È sufficiente utilizzare non più di due cucchiaini di prodotto per tre volte a settimana.

**6** - Infine, risciacqua con acqua tiepida e avvolgi il bebè nel mega-asciugamano collocato accanto alla vaschetta da bagno. Massaggialo, divertiti a fargli qualche boccaccia e rivestilo a tempo di record, prima di riporlo nella culla.

«Tutto qui?» - mi chiederai.

*Risposta affermativa.*

Ad ogni modo, prima di metterti alla prova, ti consiglio di prestare attenzione a due aspetti di primaria importanza. Il primo: **lo shampoo negli occhi**. Per evitare spiacevoli irritazioni, affidati a una delle seguenti tecniche: **A)** prima di versare l'acqua sulla testa del lattante per risciacquare il sapone in eccesso, sistema una salvietta calda sul viso del bimbo. In alternativa, **B)** avvolgi il bambino in un asciugamano capiente in modo tale che spunti fuori soltanto la sua testolina. A questo punto, collocalo con la schiena sul tuo avambraccio affinché tu possa sostenergli il capo con una mano. L'altra ti consentirà di versare l'acqua tiepida da una tazzina in plastica in modo che lo shampoo finisca nella vasca-lavandino e non negli occhi del lattante. Ah, piccola precisazione: la presa qui sopra prende il nome di «*presa da football americano*». Un dettaglio che riempirà di gioia i papà più sportivi!

In secondo luogo, presta attenzione alla cosiddetta **crosta lattea**. E no, quest'ultima non è né una tipologia di formaggio spalmabile sul pane né tantomeno la sorella minore della *Via Lattea cosmica*. Mi riferisco piuttosto alle formazioni squamose che compaiono sulla testolina del neonato e che spariscono in circa tre mesi (al massimo). La buona notizia? Per quanto siano spiacevoli alla vista, non provocano né fastidio né dolore. Per favorire il processo di rimozione, ti consiglio di massaggiare il cuoio capelluto dell'ultimo arrivato in famiglia con dell'olio minerale o con una noce di vasellina – la quale contribuirà ad ammorbidire la crosta più resistente. In alternativa, puoi servirti di uno spazzolino da denti dalle setole morbide per massaggiare il lattante senza provocare sfregamenti o irritazioni. Per velocizzare la scomparsa della crosta lattea è buona norma togliere eventuali cappellini e/o cuffiette al bimbo nei luoghi chiusi, dal momento che il sudore potrebbe peggiorare i tempi di guarigione.

Un ultimo appunto per tutti i neopapà all'ascolto: i bambini sono *molto, molto scivolosi*. Di conseguenza, per evitare spiacevoli incidenti domestici, è opportuno ingegnarsi. Per aumentare il *grip,* metti alla prova il mio strumentino *fai-da-te* preferito, *realizzabile in cinque minuti*. Procurati un calzino di cotone e inseriscilo sulla tua mano, come fosse un burattino. A questo punto, effettua un foro laterale per consentire al pollice di mantenere una buona sensibilità sulla cute del bambino. *Semplice ed efficace!* La presa consigliata da educatori e pediatri è la cosiddetta *presa ascellare* - un salva-vita per tutte le volte in cui il lattante rischierà di scivolare nella vasca. Stringi le dita attorno alla spalla/ascella tra il pollice e l'indice e sostienigli il capo con l'avambraccio. La testolina e il collo del bebè appoggiano sul polso.

*Bene, bene, e cosa dire degli incidenti di percorso?*

No, no, non è necessario farsi prendere dal panico. Il punto è che – prima o poi – il bebè si lascerà prendere un po' troppo la mano e finirà per fare la *cacchina* direttamente nella vasca appena riempita d'acqua pulita. Per quanto il contrattempo possa sembrare annoiante e un bel po' disgustoso, non c'è papà che sia stato esente dal «*battesimo della popò nella vasca*». Di conseguenza, armati di tanta pazienza e segui alla lettera i miei consigli per una... bonifica del territorio. In primo luogo, tira fuori il bebè dalla vasca e avvolgilo nell'asciugamano di cui sopra. Ti ricordo di collocarlo su una superficie piana, stabile e sicura prima di concentrarti sul disastro galleggiante che si allarga davanti ai tuoi occhi. Dopo essere tornato in bagno, svuota immediatamente la vaschetta e risciacquala con abbondante acqua e sapone prima di riempirla nuovamente. Prendi un altro asciugamano per avvolgere il lattante dopo il bagnetto e sistemalo al lato della bacinella.

Per quanto riguarda il contrattempo pipì, invece, puoi tirare un sospiro di sollievo. Difficilmente ti renderai conto dell'inconveniente – senza dimenticare che l'urina è costituita per lo più d'acqua, soprattutto in età infantile.

Infine, concludiamo il nostro *vademecum* sul bagnetto infantile con la preoccupazione suprema, il *terrore con la T maiuscola* che accomuna tutti i neopapà alle prime armi: mi riferisco al rischio di perdere inavvertitamente la presa sul lattante, così che la testa del pargolo finisca sott'acqua per un paio di secondi. Ebbene, il mio non è un invito a prendertela comoda – lungi da me - ma ti ricordo che i neonati sono provvisti alla nascita del cosiddetto **riflesso d'immersione**. Quest'ultimo è un input somatico del tutto indipendente, come l'atto respiratorio, che impedisce loro di respirare sott'acqua. In altri termini, nei pochi momenti di panico che precederanno il tuo salvataggio, al fanciullo non succederà nulla. Il riflesso d'immersione durerà una trentina di giorni e scomparirà al compimento del secondo mese di vita.

Tuttavia - *repetita iuvant* - ciò non giustifica il neogenitore a prendere sotto la gamba la sicurezza domestica della piccola peste di casa. *La reattività è tutto!*

## *50 sfumature... di pianto!* Come affrontare e interpretare i lamenti del neonato

*«Avrà sonno, freddo o fame?»* - mi domandavo, con gli occhi impastati dal sonno puntati su una versione urlante – *che più urlante non si può* – di mio figlio appena nato. Ammettiamolo: l'istinto di un padre che sobbalza dal divano al primo segnale di «GNEEEE!» infantile è di interrompere la sirena quanto prima. Il motivo è da rintracciare tanto in una reazione istintuale – quella che in biologia prende il nome di *«reazione di allarme»* - quanto nel desiderio di riportare il silenzio all'interno delle quattro mura domestiche. Dopotutto, non sempre è sufficiente una pernacchia sul pancino o sulla testolina per trasformare un *lamento con la L maiuscola* in una risata sdentata. Dati alla mano, gli scienziati hanno scoperto che i pianti infantili attivano una lunga serie di risposte fisiologiche nei papà e nelle mamme nei dintorni:

- Aumento della circolazione ematica.

- Innalzamento della pressione.

- Accrescimento dell'ossigenazione cerebrale.

Insomma, i presunti guru dell'infanzia che consigliano di alzare il volume della TV e ignorare le crisi di pianto infantili non comprendono che, *beh*, gli adulti non sono programmati per farlo. Nel nostro DNA è racchiuso il gene della cura neonatale. Basti pensare che il nostro orecchio è particolarmente sensibile a una frequenza di 3 KHz che – *indovina un po'?* – è proprio quella emessa da un pargolo che si lamenta.

Dunque, dunque, il primo anno di vita del tuo piccolo *«erede al trono»* si concluderà con una media approssimativa di 500 ore di pianto diurne e notturne – per la gioia dei genitori, dei fratellini e dei vicini di casa che si sentiranno in obbligo di installare dei pannelli fonoassorbenti. Lamentela più, lamentela meno, hai tutte le carte in regola per riconoscere le sei tipologie di pianti neonatali. Per trasformarti in un traduttore *pianto-italiano/italiano-pianto* non devi fare altro che trovare dei pattern (ovvero degli schemi ripetuti) tra le righe delle lagne di tuo figlio.

*In che modo?*

Te lo spiego io. Innanzitutto, non aspettarti di uscire dall'ospedale e di padroneggiare la grammatica del linguaggio infantile come un professionista. Devi affidarti al suo *sesto senso* – o al *quinto*, se l'udito verrà tragicamente compromesso dai pianti del fanciullo. Per passare l'esame di *lagnologia* devi memorizzare i messaggi infantili in accordo al loro ritmo, all'intonazione del lamento, al volume e all'acutezza raggiunta dalle grida della piccola peste di casa. Lo so, non si prospetta un'attività né semplice, né tantomeno piacevole, ma i suoi risultati ti consentiranno di intervenire in maniera appropriata tutte le volte in cui la pace domestica verrà messa a dura prova dal pargolo.

Fermo restando che non tutti i cuccioli di umano piangono allo stesso modo, sei sono le macrocategorie di lamentele più comuni:

- *«Beh, che aspetti a darmi il biberon?»*, ovvero il **pianto per fame.** Tra tutti, si manifesta sotto forma di lamentela sommessa, per poi trasformarsi in una sirena d'allarme stabile e squillante come una tromba. Avvicinandoti alla culla del fanciullo, noterai che il lattante si succhia la lingua e le labbra, allungando il collo a sinistra e a destra nel tentativo di attaccarsi al seno. Di frequente, si porta i pugnetti chiusi alla bocca con l'intento di succhiarli. Tutto quello che devi fare è offrirgli il capezzolo della tua compagna o, in alternativa, preparare il biberon. *Nel prossimo paragrafo ti spiego come fare.*

- *«Uffa, io ho sonno!»*, ovvero il **pianto per sfinimento**. Dapprima, rompe il silenzio delle quattro mura domestiche con un lamento. Successivamente, si trasforma in un pianto interrotto da brevi pause tra una sessione e l'altra. Infine, se lasciato inascoltato, la lagna infantile diventa via via più lunga, estenuante e forte. Il linguaggio del corpo del lattante è dominato da sbadigli frequenti; lo sguardo osserva un punto fisso, nel vuoto, mentre le braccia e le gambine si agitano senza tregua. Le mani chiuse a pugno si stropicciano gli occhi o i capelli. Tutto quello che devi fare è prendere il *piccolino* in braccio per consentirgli di rilassarsi a contatto con la pelle, il profumo e la voce di un genitore a lui noto. Anche un dolce *«shhh!»* nelle orecchie ti aiuterà a calmarlo.

- *«Hey, io sono qui! Non vi siete dimenticati di me, vero?»*, ovvero il **pianto perché si sente solo**. La solitudine è una brutta bestia, soprattutto in un'età in cui il *cucciolo di uomo* non è in grado di badare a sé stesso e di ingannare il tempo su Instagram *et similia*. Il pianto in questione si caratterizza per dei versetti, dei lamenti quasi animaleschi. S'interrompe bruscamente non appena il neonato viene preso tra le braccia della mamma e del papà. Qualche carezza e una manciata di frasi pronunciate dolcemente sono tutto ciò di cui hai bisogno per ribadire al fanciullo la tua vicinanza.

- *«Mamma, papà, c'è qualcosa che non va!»*, ovvero il **pianto perché non si sente bene**. *Mio caro papà,* mettiti immediatamente sull'attenti nel caso in cui il pianto della tua creaturina ricordi il miagolio flebile e intermittente di un gattino. È molto probabile che il bimbo non abbia energie a sufficienza per chiedere aiuto con più energia, a un volume più alto. Alla vista, il lattante ha gli occhietti chiusi e non sorride all'arrivo dei genitori. Ti consiglio di misurargli la febbre quanto prima; se superiore a 38,5 togligli il pannolino, offrigli il seno e mettiti in contatto con il pediatra. Nel frattempo, procedi con la somministrazione del *Viburcol.* Quest'ultimo è un medicinale <u>omeopatico</u> utilizzato per tutte quelle problematiche infantili correlate a infiammazioni provocate da otiti, nascita dei dentini e chi più ne ha, più ne metta.

- *«Ah, queste coliche mi fanno uscire fuori di testa!»*, ovvero il **pianto per le colichette**; lo si riconosce per il lamento sordo, acuto e che scoppia all'improvviso. Alla vista, il bebè contrae il corpo e rifiuta di essere preso in braccio. Il suo viso è arrosato dal fastidio, mentre gli arti inferiori e superiori si ritirano. Cosa fare? La strada migliore per dire *bye bye* alle coliche infantili è la prevenzione. Dopo il cambio del pannolino, ricorda di effettuare un massaggino sul pancino. Ti consiglio caldamente di seguire un corso *pre-partum* per ricevere tutti i ragguagli necessari da parte del personale medico specializzato. In alternativa, prendi in braccio la piccola peste di casa e utilizza una fascia per legarlo a te. Il calore generato dal movimento e dal tuo corpo gli permetterà di ridurre i disturbi procurati dalla comparsa delle coliche. In aggiunta, collocalo a pancia in giù su un cuscino riscaldante.

- *«Che cos'è stato?»*, ovvero il **pianto causato da rumori esterni**. Temporali, voci sconosciute e sparatorie in TV sono soltanto alcuni dei frastuoni spaventosi che potrebbero attirare l'attenzione di un bebè immerso in una *nanna rigenerante*. E per quanto sia leggermente *off-topic*, ricorda che gli **sbalzi di temperatura** si attestano, di diritto, tra le motivazioni più comuni della *lagna infantile*. Ricorda di riscaldare l'ambiente in cui cambiare il bebè o tieni sempre a portata di mano una copertina in pile per coprirgli il corpicino e i piedini.

*«Senti un po', e se non dovesse funzionare?»* - chiederà il più apprensivo tra i miei lettori. Niente paura. Ho un paio di consigli *salva-udito* che potrai testare tutte le volte in cui il pianto del bimbo non rientra in nessuna delle sei categorie summenzionate.  Vesti i panni di un *papà Sherlock Holmes* e lasciati guidare dal tuo fiuto infallibile in fatto di lamentele infantili.

*1 –* **Un problema gassoso**...

La presenza di bolle gassose nello stomaco può provocare al pargoletto non pochi disturbi digestivi – soprattutto quand'è in procinto di prendere sonno. Per ovviare il problema, poggia il lattante supino su una superficie piana e sollevagli le ginocchia all'altezza del torace, affinché la pressione esercitata sull'intestino velocizzi l'espulsione gassosa. In alternativa, mettiti in contatto con il pediatra, che potrà suggerirti una vasta gamma di rimedi naturali e omeopatici – acquistabili anche sotto forma di *goccine*. Una buona abitudine da integrare alla routine di una mamma in allattamento è quella di ridurre il consumo di alimenti che fermentano, come i broccoli, i legumi e i cavoli in primis. *Il pancino del tuo bimbo apprezzerà l'accortezza!*

*2 –* **Quando la noia uccide il buonumore**

Di seguito, tre idee creative che potrai utilizzare in compagnia della piccola peste di casa quando vorrai distrarla da una sessione di pianto intensivo:

- **Metti il pargolo di fronte allo specchio**: la sua immagine riflessa è in grado di esercitare su di lui un potere ipnotico, soprattutto se decidi di collocarti al suo fianco sorridendo o facendo boccacce divertenti.

- Non dimenticare di passare la «*patata bollente*» alla mamma. Di frequente, il piccolo ha bisogno semplicemente di udire la voce e **sentire il profumo della genitrice** per «cambiare aria» e limitare le lagne domestiche. In questo modo, potrai tirare un sospiro di sollievo ed escogitare nuove strategie scaccia-noia, almeno fino a quando la tua compagna di vita non ti restituirà il favore...

- Infine, non dimenticare di **cambiare ambiente**. Spostare la culla dalla cameretta alla sala da pranzo, oppure mettere il bebè nel passeggino per trascinarlo da un capo all'altro del corridoio consente al pargolo di distrarsi. *Le lamentele infantili saranno soltanto un lontano ricordo!*

### *3 - Bu-bu, settete!* L'importanza della meraviglia nella crescita infantile

Il mondo là fuori regala grandi emozioni, soprattutto al tuo piccolo batuffolo *d'amore* e di *lagne baritonali*! Di conseguenza, tieni bene a mente che l'effetto sorpresa è tutto ciò di cui necessiti per distrarre il bambino da una crisi di pianto più lunga della *Divina Commedia dantesca*. Qualche idea? Innanzitutto, spegni la luce della stanzetta, attendi qualche secondo e riaccendila accompagnando il gesto con una smorfia o con un applauso. Ripeti, se necessario.

In secondo luogo, prova la tecnica dell'acqua. Se il bimbo non accenna a calmarsi, apri il rubinetto del bagno e – dopo esserti assicurato che la temperatura sia tiepida, *né troppo calda né troppo fredda* – metti un piedino o una manina del lattante sotto l'acqua corrente. La sensazione inattesa sposterà l'attenzione del bebè dalla causa della sua insoddisfazione momentanea a un'attività decisamente più divertente.

Infine, sbizzarrisciti con i versi degli animali. La mia piccola peste restava incantata tutte le volte in cui – superando un leggerissimo imbarazzo iniziale – davo il meglio di me interpretando ora la mucca ora la gallina, ora la pecorella ora il maialino. Insomma, cosa *non si fa per un figlio?*

## Tiralatte e biberon: dubbi, falsi miti e una manciata di consigli evergreen per renderti utile in famiglia

*«Tira-che?»* - potrebbero chiedere alcuni tra i miei lettori. Ebbene, il tiralatte è un oggettino assai utile, disponibile in vari modelli, che permetterà alla tua partner di trovare sollievo da occlusioni e ingorghi delle mammelle. Come se non bastasse, ti consentirà di... *prendere il suo posto nell'allattamento!* Avrai sempre a portata di mano una razione di pappa da dare al bebè nel caso in cui la tua dolce metà decidesse di trascorrere una serata con le amiche, lontana dal pargolo.

Dunque, dunque, tieni a mente che esistono due tipologie di tiralatte: quelli *elettrici* e quelli *manuali*. Questi ultimi sono senza dubbio più economici, nonché leggerissimi e facili da portare in borsa. Sono preferiti dalle coppie che intendono viaggiare in compagnia del bebè dopo il parto, oppure sono spesso fuori per lavoro. Lo svantaggio? La variante manuale è più lenta e richiede maggiori energie (fisiche e mentali) per il suo corretto utilizzo. Senza dimenticare quel continuo montare, smontare e sterilizzare che ti terrà inchiodato in cucina. Di contro, la variante elettrica è la scelta (più costosa) disponibile sia in modelli pratici e compatti, sia sotto forma di ingombranti macchine professionali – di cui probabilmente non hai bisogno.

E se ti stai chiedendo il motivo per cui in commercio sembrano esistere più tiralatte che modelli di smartphone, la risposta è da rintracciare nel fenomeno stesso dell'allattamento: la produzione di latte si basa sulla legge della domanda e dell'offerta (sì, un po' come il capitalismo). In altri termini, più cospicua è la quantità di latte poppata dal neonato, maggiore è la produzione di latte prodotto dalle ghiandole mammarie. Di conseguenza, se la neomamma intende incrementare la quantità, avrà bisogno di un tiralatte dotato di un motorino potente e performante, e magari di tubi doppi per semplificare l'estrazione.

Indipendentemente dall'apparecchietto che la tua dolce metà decide di acquistare, tieni a mente che i tiralatte elettrici sono dotati tutto sommato della *stessa componentistica.* Innanzitutto, una campana anatomica avvitabile al biberon, a sua volta collegata a un compressore attraverso uno o due tubi. Non è necessario essere *ingegneri in erba* per comprenderne il funzionamento; il latte estratto dal seno della neomamma riempie il biberon esterno. Ti ricordo, tuttavia, che le componenti che entrano in contatto con la cute e con il latte devono essere sterilizzate prima del riutilizzo. Puoi servirti di una semplice pentola di acqua bollente, ad esempio. Anche i tubi verranno puliti con cura ogniqualvolta saranno contaminati da residui di condensa o di latte. Per riuscire nell'intento, serviti del compressore per un paio di minuti.

*Una piccola accortezza extra*: il personale sanitario sconsiglia di condividere i tiralatte o di passarli da una mamma all'altra - operazioni considerate poco igieniche. Ad ogni modo, dal momento che i modelli più moderni hanno un prezzo tutt'altro che irrisorio, potresti valutare di acquistare la parte del motorino usata, cambiando ex novo la campana e i tubi.

La domanda sorge, dunque, spontanea: *«Come posso conservare il latte estratto?»*. Innanzitutto, è opportuno tenere a mente che esistono due forme di conservazione, quella a *breve* e a *lungo termine*.

- **La conservazione a breve termine** non richiede complesse opere d'ingegno. È sufficiente staccare il biberon dalla pompa del tiralatte, sigillarlo e riporlo in frigorifero. Dovrà essere consumato non oltre i <u>cinque giorni</u>.

- **La conservazione a lungo termine** necessita di qualche biberon extra, oppure di un paio di vaschette con gli scomparti per i cubetti di ghiaccio. Ricorda di sterilizzare entrambi i contenitori dopo il loro acquisto. Riponi il latte in freezer per averlo sempre a portata di mano. I tempi di consumo? Non superiori ai <u>60 giorni</u>. In caso di necessità, non devi fare altro che estrarre i cubetti o i biberon ghiacciati, metterli in un sacchettino di plastica per alimenti e immergerli in acqua calda. *<u>Consiglio da papà navigato</u>*: per quanto possa sembrare superfluo, ti suggerisco caldamente di contrassegnare ogni contenitore con la data e l'ora di estrazione, onde evitare spiacevoli dimenticanze. *Sarebbe un peccato vanificare le prodezze del tiralatte per pigrizia o sbadataggine.*

*E cosa dire dei biberon?* È il momento più atteso dai neopapà che desiderano guadagnarsi il titolo di *Tuttofare ufficiali*. Il giorno in cui il bebè accetterà di riempirsi il *pancino* con il latte poppato da una *tettarella* in plastica, vorrà dire che la nutrizione non è più monopolio della tua dolce metà. Anche nonne, zii, vicini di casa e babysitter saranno in grado di provvedere al pargolo, consentendoti gradualmente di trascorrere del tempo di qualità – anche un paio d'ore, s'intende - insieme alla tua compagna di vita.

Di seguito, trovi una carrellata di informazioni utili da tenere a mente in occasione del tuo primissimo tentativo di allattamento artificiale:

- *Dagli il biberon una volta al giorno.* Non dovrebbe mai preferirlo al seno, abituandosi così alla tettarella di gomma.

- Prendi l'impegno di gestire la nutrizione con il biberon *solo soletto*, senza fare affidamento sulla mamma. Nel caso in cui il neonato dovesse riconoscere la genitrice al tuo fianco, potrebbe confondersi e scoppiare in lacrime.

- Nel caso in cui il lattante dovesse rifiutare il biberon, non scoraggiarti. Prova e riprova, scegliendo contenitori differenti e temperature del latte diverse. Dopo una serie di tentativi ed errori più o meno infinita, tutti i bebè finiscono per abituarsi.

- Per quanto riguarda le **tempistiche**, ti consiglio di convertirti al biberon in gomma al compimento del primo mese di vita. Nel caso in cui iniziassi troppo presto, rischierest+5i di disincentivare la suzione naturale nel lattante. Di contro, se cominciassi troppo tardi, finiresti per diminuire le chance di abituarlo al biberon. La virtù sta nel mezzo, *in medio stat virtus* – dicevano i nostri antenati latini.

*Bene, bene,* è tempo di passare alla pratica. Le procedure che ti consentiranno di preparare un *biberon pentastellato* – meritevole di una colonnina sulla guida del Gambero Rosso – sono più semplici e intuitive di quanto tu possa credere. Innanzitutto, è opportuno scaldare il latte. Immergi il biberon pieno di latte per circa 60 secondi in un pentolino riempito di acqua calda (non bollente). Ti suggerisco di evitare il microonde, dal momento che quest'ultimo riscalda il latte in maniera disomogenea, distruggendo gran parte degli enzimi contenuti nel nutrimento neonatale.

In secondo luogo, verifica che la temperatura del latte sia adatta alla suzione. Per riuscire nell'intento, versa un paio di gocce sul polso. *Caldo o freddo?* Beh, entrambe le risposte sono... *sbagliate!* La temperatura della pappa non dovrebbe essere né superiore né inferiore a quella corporea. È tempo di avvicinarti al lattante in attesa della sua razione. Prima di mettergli il biberon tra le labbra, sporca la tettarella in gomma con qualche goccia di latte, così da invogliarlo. *Una sorta di esca, no?!* A questo punto, tenendo il bambino sdraiato con la testa sorretta in verticale – in modo da evitare che il latte gli vada di traverso – infilagli la tettarella tra le labbra schiuse. Per evitare che ingerisca elevate quantità di aria – responsabili di pianti e lamenti notturni a non finire – inclina il biberon in maniera tale che il latte riempia ogni millimetro della tettarella a contatto con la boccuccia del neonato.

*Fatto?*

Ricorda di tenere il biberon <u>tra le mani</u>, senza servirti di sostegni o di strani aggeggi esterni. Se hai dubbi in merito alla corretta posizione di suzione, togli il biberon dalle labbra del pargolo e fallo riattaccare più e più volte, fino a quando non avrai familiarizzato con la sua modalità di poppata preferita. In aggiunta, ricorda di interrompere la suzione dopo 50 grammi di latte circa per favorire il ruttino e la corretta digestione della pappa. Discorso analogo vale per tutte le volte in cui il bebè mostra segni di insofferenza e di nervosismo.

*Congratulazioni, papà!*

Prima di cantare vittoria, però, fai un ultimo sforzo in mia compagnia e scopri in che modo replicare i successi del biberon contenente latte naturale anche con del latte artificiale.

**Punto numero 1**: anche se l'acqua del rubinetto è stata pluricertificata, ti consiglio caldamente di sterilizzare quella che utilizzerai per ottenere il biberon del neonato.

**Punto numero 2**: organizzati per tempo e prepara sei razioni di pappa alla volta. Tutto quello che devi fare è procurarti una caraffa pulita e ben asciugata, miscelare l'acqua purificata e il latte in polvere seguendo le istruzioni indicate sulla confezione e mescolare per bene. A proposito, ricorda di versare l'acqua per prima, così da evitare la formazione di grumi.

**Punto numero 3**: procurati dei biberon dotati di tappino, riempili con il quantitativo massimo e contrassegnali con un post-it su cui verrà indicata l'ora e la data di *imbottigliamento*. La professionalità è tutto, *Mr. Papà!* Il latte così ottenuto sarà consumabile dal bebè <u>entro 48 ore</u>.

Infine, ricorda che dovrai sterilizzare il biberon soltanto in occasione del primo utilizzo. Successivamente, potrai lavarlo con acqua calda e sapone, oppure affidarti alla tecnologia e infilarlo direttamente nella lavastoviglie. *Ah, il fascino di un padre al passo con i tempi...*

# ALLA SCOPERTA DEL MONDO (4-6 MESI)

## LE PRIME PAPPE SOLIDE E LE DIFFICOLTÀ DELLA DENTIZIONE

Prima o poi, in maniera del tutto inattesa, arriverà il momento in cui a tavola non si siederà più in due. Sarà un grande evento, inutile negarlo. Un po' perché ti consentirà di ritrarre un *quadretto familiare* ormai al completo, con il bimbo seduto a tavola per consumare i pasti preparati dalla mamma o dal papà, e un po' perché potrai finalmente organizzare qualche aperitivo e/o pasto fuori casa, quando ormai il tuo appartamento avrà l'aspetto di una discarica di buste del *delivery food.*

Di cosa sto parlando? Dello svezzamento, ovviamente. La domanda è lecita: *di cosa parliamo quando parliamo di svezzamento?* L'etimologia ci viene in soccorso: *s-vezzamento*, letteralmente «*togliere il vezzo, rimuovere un'abitudine*» della poppata infantile. All'atto pratico, l'evento in questione consente di introdurre gradualmente, nell'alimentazione degli ultimi arrivati in famiglia, i cibi solidi alla base della dieta adulta. A partire <u>dal quinto o dal sesto mese di vita</u> – rispettando le predisposizioni del neonato e in funzione dei suoi gusti – la mamma e il papà verranno assorbiti dalla fase della maturazione vera e propria. Nulla toglie che il latte materno sia per i *cuccioli d'uomo* un elisir di lunga vita sempre a portata di poppata. Ecco svelato il motivo per cui il *Ministero della Salute* e *l'Organizzazione Mondiale della Sanità (OMS)* consigliano di non passare da un eccesso all'altro, ma di prendere per mano il bebè al fine di guidarlo alla scoperta della magia dello svezzamento *step by step*, senza fretta.

Per quanto possa sembrare banale, infatti, i neonati sostituiscono la *suzione* con la *masticazione*, rivoluzionando l'esperienza della pappa. E come tutte le *skills* nuove di zecca, anche quest'ultima necessita di un bagaglio di tentativi ed errori effettuati sotto lo sguardo vigile, incoraggiante e paziente dei due neogenitori. Ora, la mia guida di sopravvivenza per super-papà non è il luogo (editoriale) più adatto per approfondire il tema della nutrizione infantile, ma se vuoi saperne di più ti suggerisco di mettere le mani su *Io mi svezzo da solo!* di Lucio Piermarini.

Per il momento, ti basti sapere che a partire dal sesto mese di vita del lattante, l'apparato intestinale si prepara ad assimilare e a digerire qualsiasi tipologia di cibo – sì, anche una lasagna quintuplo strato.

Ciò non toglie che i genitori del pargolo dovrebbero procedere con i piedi di piombo al fine di indagare le preferenze alimentari del bambino e, soprattutto, eventuali allergie che rischiano di trasformarlo in *un pruriginoso palloncino a elio*. Ho interrogato diversi pediatri prima di sedermi alla scrivania e scrivere il capitolo che stringi tra le mani, e posso assicurarti che la regola aurea desunta dalle loro testimonianze può essere riassunta nel modo seguente: *caro papà, devi seguire il buonsenso*. Porta in tavola ingredienti di qualità, utilizza il sale e lo zucchero senza strafare, e affidati a chi, in passato, ha già sfornato una quantità industriale di grattugiato di frutta e pappette aromatizzate.

E così, per rinfrescarmi la memoria, ho domandato alla mamma del mio *«erede al trono»* qual è stata la primissima ricetta rifilata al pargolo. La trascrivo in maniera integrale nella speranza che ti sia utile, o quantomeno ti aiuti a comprendere le portate principali di un menù *ad hoc*.

Pronto?

Brodo vegetale, zucchina, carota, patata, una foglia di lattuga, fagiolini, crema di riso (o semolino, oppure crema multi-cereali) con 150 grammi di pomodoro. Per concludere, un cucchiaino di parmigiano o di grana versato a pioggia sul pastrocchio. *Ta-dan! Un capolavoro! Non dirmi che ti ho già fatto venire l'acquolina in bocca?* Ad ogni modo, ricordo ancora con una nota di commozione il momento in cui mio figlio allontanò da sé la *pappina* preparata dalla mamma con tanto amore, additando la mia portata di pasta all'uovo condita con una generosa dose di sugo e di polpettine di carne. Beh, non esiste esempio migliore a sostegno di medici, pediatri e pedagogisti: l'alimentazione dei nostri figli è un percorso flessibile, mutevole e altamente... *personalizzabile!* E nonostante qualche *ansietta* e preoccupazione qua e là renderà lo svezzamento una *sfida con la S maiuscola*, la verità è che con i bambini tutti noi – ma proprio tutti, eh, nessuno escluso – ci trasformiamo in nonne *super-apprensive* che vogliono il meglio per i loro ospiti domenicali (e non).

Ecco svelato il motivo per cui non hai nulla di cui preoccuparti: le fasi di abbuffata e di inappetenza sono del tutto naturali. *Se il bebè non mangia, non temere, mangerà!*

«Beh, non sembra poi così complicato...» - mi dirai. «Finalmente un'attività che non contempla grida, pugni e cucchiaiate di polenta lanciate a catapulta sulle mattonelle della cucina!»

*Mio caro papà, frena, frena!* Non voglio smorzare il tuo meritato entusiasmo, ma è opportuno ricordarti che lo svezzamento infantile è, di frequente, associato ai **fastidi della dentizione**. Ora, devi sapere che arriverà un *(bel?)* giorno in cui il pargolo prenderà a sbavare a destra e a sinistra come un piccolo mostriciattolo. Per giunta, ti invierà segnali di insofferenza e di nervosismo, si comporterà in maniera scattosa e cercherà di mordere qualsiasi oggetti gli capiterà sotto mano – sì, compreso il telecomando della tua TV o il joystick della PlayStation, quindi bada bene all'ordine e alla pulizia domestica!

Non mi resta che rinnovarti le mie più sincere congratulazioni. Il bebè non ha subìto nessuna mutazione genetica; più semplicemente, gli stanno spuntando **i primi dentini da latte.**

Tuttavia, non credere di avere tempo a sufficienza per festeggiare i traguardi della piccola peste di casa. *Nossignore*. Perché in un periodo in cui il fanciullo dorme di più (e meglio) e l'intimità sessuale con la tua compagna di vita sembra riprendere a pieno ritmo, la dentizione piomberà sulla tua routine semi-perfetta con la potenza distruttiva di un uragano. In linea generale, il primo dentino spunta al compimento del <u>sesto o del settimo mese di vita del neonato</u>. Eppure, i sintomi possono manifestarsi con qualche settimana di anticipo, contribuendo a buttare il *papà Sherlock Holmes* fuori strada. In aggiunta ai segnali di cui sopra, fanno la loro comparsa: lievissima febbre, infiammazione delle gengive, eventuale sanguinamento, rifiuto della pappa, diarrea ed eruzione cutanea all'altezza del mento. In alcuni casi potresti percepire un leggero rigonfiamento gengivale nell'area del *tanto atteso* dentino. Ad ogni modo, il fenomeno più evidente di una dentizione alle porte sarà – come accennato nelle pagine precedenti – un'inspiegabile e copiosa *salivazione*. Per intenderci, la saliva potrebbe colargli sul mento, inzuppando anche i *vestitini* e i *body* freschi di bucato. Insomma, ti è mai capitato di vedere (o acquistare) una di quelle fontane da giardino in cui cherubini tozzi e paffuti sputacchiano acqua *in loop?*

Ebbene, il lattante si trasformerà in una copia in carne e ossa del tutto simile alle varianti in ghisa o in ferro battuto. Potrebbe essere necessario cambiare fino a quattro o cinque outfit nel corso della giornata.

I pediatri sono concordi nell'affermare che i fastidi della dentizione abbiano una durata non superiore alle <u>due-tre settimane.</u> Tuttavia, dal momento che la versione *fontanella* del tuo neonato rischia di mettere a dura prova la pazienza tua e della tua dolce metà, è opportuno passare in rassegna qualche rimedio della nonna capace di lenire la sofferenza del bebè.

*Prendi carta, penna e collutorio perché è ora di ideare un piano B.*

- Lavati le mani con meticolosità e offrile alla piccola peste di casa. Le nocche sono, infatti, un ottimo rimedio contro il fastidio della dentizione.

- Fai un salto al centro commerciale più vicino e acquista un giocattolino realizzato *ad hoc*. Ne esistono di tutti i tipi, con sporgenze gommate, buchetti e formine divertenti che possono essere azzannate dal predatore di casa. In alternativa, opta per uno spazzolino da dito extra – di quelli in gomma siliconica atossica. Le setole sulla superficie irsuta gli consentiranno di lenire il prurito percepito nell'area dell'infiammazione.

- Affidati al *fai-da-te* e ottieni una variante *cheap* congelando una vasta gamma di oggetti casalinghi che non usi più. Il piccolo li potrà mordicchiare tra un pianto e una poppata. Tra i tanti utensili apprezzati dai lattanti di tutto il mondo, non posso che citare ciambelline, cucchiaini, carote, spugne e ciucci di ogni forma e dimensione. Ad ogni modo, alla comparsa del dentino, accertati che il pargolo non stacchi un frammento di rimedio congelato, correndo il rischio di inghiottirlo.

- In alternativa, opta per il paracetamolo. Prende anche il nome di *acetaminofene* ed è un *passe-partout* nei farmaci da banco più comuni (per adulti e bambini). *Un esempio?* La Tachipirina. <u>At-tenzione</u>; prima di somministrare un qualsiasi farmaco al cucciolo di casa mettiti in contatto con il pediatra. In aggiunta, ricorda che l'efficacia del paracetamolo non si protrae oltre le quattro ore. Avrai bisogno di diversivi extra per tenere sotto controllo i dolori del pargolo nell'arco delle ventiquattr'ore.

- In conclusione, affidati al super-potere dei gel gengivali. Puoi acquistarli in farmacia senza prescrizione medica e hanno un effetto *topico*, che anestetizza la zona gengivale infiammata. Il vantaggio? L'effetto è pressocché immediato. Lo svantaggio? Non è a lunga durata. Leggi con attenzione il bugiardino, ma ricorda di non applicare il prodotto più di tre o di quattro volte nell'arco della giornata.

*Mio caro papà*, hai tutte le carte in regola per sopravvivere alla dentizione dell'ultimo arrivato in famiglia. Nel caso in cui avessi dubbi o perplessità, ti consiglio caldamente di non affidarti al *Dottor Internet*, ma di metterti in contatto con il medico o con il pediatra di fiducia. Meglio evitare il fai-da-te, soprattutto quando c'è in ballo la salute della piccola peste di casa.

# Capitolo Bonus – Vita sessuale e dintorni

## Come ritrovare affinità e armonia con la tua dolce metà

*Beh, cos'è quell'espressione afflitta e un po' contrariata?*

Lo so, lo so, di recente hai l'impressione che la tua partner – la cui vita era scandita da aperitivi con le amiche, avventure on the road, esperienze adrenaliniche, cenette romantiche a lume di candela e sessioni di ballo iper-scatenate – sia più intrattabile del solito. Il motivo è da rintracciare negli ormoni che ne scombussolano l'umore. La SUPP *(Sbalzi d'Umore Post-Partum)* colpisce una percentuale elevatissima di neomamme alle prese con le sfide dell'adeguamento fisiologico dopo il parto del bebè – soprattutto del primogenito, a esser precisi. Dati alla mano, tre donne su quattro devono fare i conti con la cosiddetta **malinconia gestazionale**. Parliamoci chiaro: il termine *malinconia* non rende giustizia alle montagne russe emozionali che dovrai patire nei panni di spettatore passivo della famiglia. Durante le settimane che fanno seguito al rientro a casa dall'ospedale, la tua dolce metà si sentirà irritata, sfasata e incerta sul futuro che l'attende. Le continue interruzioni notturne – motivate dall'allattamento infantile – non faranno altro che peggiorare il «*quadro clinico*» della tua compagna di vita. Nei panni di *aiutante* domestico per antonomasia, verrai dapprima accusato di aver messo male il pannolino del lattante, successivamente di non cucinare piatti sufficientemente sani/speziati/gustosi, quindi di non esserle d'aiuto nelle incombenze quotidiane. Tra un «Vai in garage e controlla se trovi...» e «Ma possibile che tu non mi stia mai accanto?», sentirai di essere in balia di una versione «*psichicamente instabile*» della donna che *credevi* di amare. Non buttarti giù di morale e cerca di essere paziente; guarda il lato positivo: la sofferenza che ti attende nei panni di neopadre è il prezzo da pagare per aver evitato le pene del travaglio e del parto.

Dunque, dunque, compiamo un passo indietro e cerchiamo di comprendere *come, quando e perché* ristabilire una relazione empatica con la mamma della piccola peste. Innanzitutto, ti consiglio caldamente di non prendertela sul personale. Non ne vale la pena. Gli ormoni impazziti della tua dolce metà sono responsabili della confusione e dello scompiglio che si affannano vorticosamente nella testa della tua interlocutrice. La sua non è né scortesia né aggressività, ma *annebbiamento*. Come un ubriaco sente di perdere controllo sui propri pensieri e sulle proprie azioni, così la neomamma è invasa da impulsi interni ed esterni sconvolgenti e travolgenti. Ecco svelato il motivo per cui il modo migliore di superare il SUPP della tua compagna è... *attendere che tutto si normalizzi!* Potranno volerci delle settimane, ma ti assicuro che la neo-genitrice ridimensionerà quegli spiacevoli scatti emotivi nei tuoi confronti.

E se ti stai chiedendo «*Posso far qualcosa per uscire dall'impasse il prima possibile?*», la risposta è (ovviamente) affermativa. A tutto c'è rimedio e noi uomini siamo dei maestri nel trovare soluzioni pragmatiche e funzionali ai problemi della quotidianità – che sia un pannolino da cambiare o un rubinetto della cucina che si ostina a gocciolare. Certo, il nostro modo di affrontare la vita non fa una piega. Eppure, ti invito a compiere uno sforzo ulteriore: mettiti nei panni della tua dolce metà e osserva il mondo dalla *sua* prospettiva. La neomamma sente di essere senza energie, brutta, deforme, dolorante e dotata di un corpo che non riconosce. Per giunta, il pargolo è dipendente (quasi) esclusivamente da lei, soprattutto durante le prime settimane *post-partum*, motivo per cui le è impossibile staccare la spina e godersi un po' di meritato riposo per più di quattro ore consecutive. Quello che sto cercando di dirti è che la tua compagna di vita necessita soltanto di qualcuno che le stia accanto al fine di dimostrarle affetto, supporto e amore, e non di un *ragioniere in erba* intenzionato a risolvere qualsiasi problema con l'aiuto di una logica fredda e stringente. Pensare in modo «femminile» ti consentirà tanto di comprendere le esigenze emotive della madre di tuo figlio, quanto di ridimensionare i piccoli-grandi litigi domestici che rischieranno di mettere a dura prova l'armonia della famiglia (allargata). Non sei sbagliato, sei diverso: il tuo modo di vivere la paternità conserva una forte componente mentale, a differenza del coinvolgimento *psichico* e *fisico* avvertito dalla donna. Di conseguenza, è del tutto normale comunicare a suon di incomprensioni, rimproveri e (non tanto) velate minacce. Siete entrambi stremati, stanchi e intimoriti, in cuor vostro, dal futuro che vi attende al fianco del pargolo urlante che si rifiuta di dormire nella culla collocata in cameretta. Ed ecco che – nel tentativo di difendervi dai pensieri spiacevoli che si affollano nella vostra mente e di trovare la forza di proseguire con ottimismo il cammino che conduce in direzione della genitorialità – siete spinti a proiettare sul partner le aspettative e le paure radicate dentro di voi. Gli scontri e i litigi sono la *conditio sine qua non* dell'iter familiare che vi attende; un viaggio straordinario e indimenticabile, tra alti e bassi, orientato alla felicità e al benessere della piccola peste di casa.

Insomma, arrivo al punto.

Qui di seguito, trovi tre suggerimenti *evergreen* di cui servirti tutte le volte in cui il malumore della tua dolce metà rischierà di annuvolare una quieta, comune giornata domestica:

- Trova una soluzione pratica all'isolamento a cui il fanciullo vi ha condannati *pre* e *post-partum*. Gli psicologi sono concordi nell'affermare che la solitudine si attesta tra le principali cause degli sbalzi d'umore femminili. E dal momento che il tuo pargoletto è facilmente spostabile da un capo all'altro della città, organizza una piacevole scampagnata urbana. Una passeggiata tutti insieme nei dintorni è ciò di cui la neomamma ha bisogno per respirare aria nuova, per tornare in contatto con il «mondo là fuori». L'attività fisica è un toccasana 100% naturale che avrà un impatto benefico sull'umore tuo, della tua compagna di vita e del lattante urlante che tornerà a casa insonnolito. Com'è che si dice? *Prenderai due piccioni con una fava.*

- Non sottovalutare i segnali della **depressione post-partum**. A differenza delle montagne russe emotive indotte dalla SUPP, quest'ultima è una patologia più insidiosa: influisce negativamente sull'intraprendenza, sull'umore e sulla capacità di ripresa della tua dolce metà, impedendole di godersi l'esperienza delle settimane che fanno seguito al rientro a casa dall'ospedale. Nell'eventualità in cui i segnali della depressione post-partum dovessero persistere oltre un mese, mettiti in contatto con la tua ostetrica di fiducia. Ad ogni modo, ti ricordo che la condizione in questione è facilmente curabile; rimani accanto alla tua compagna di vita, non sottovalutare il peso emotivo della gestazione e impegnati affinché anche lei – con i suoi tempi – possa trarre il massimo dalla crescita della piccola peste di casa.

- Ultimo punto da tenere a mente: lascia l'orgoglio, la stanchezza e gli eventuali problemi lavorativi fuori dalla porta di casa. Sì, proprio così. Tutte le volte in cui sei sul punto di sfregare le suole sullo zerbino e girare la chiave nella serratura, chiudi gli occhi, conta fino a dieci e impegnati a trascorrere del tempo di qualità con la donna della tua vita. *Ah, e ricorda di non essere solo.* Se ne hai la possibilità, tieniti alla larga dallo stereotipo del *padre-eroe* senza macchia e senza paura, e alleggerisci il peso delle incombenze quotidiane con l'aiuto di eventuali amici e parenti.

*Mio caro papà*, prima di passare al prossimo capitolo del manuale che stringi tra le mani, permettimi di approfondire una tematica «spinosa», che molto probabilmente ti frulla per la testa già da un po'. Mi riferisco alla vita sessuale, ovviamente. Dati alla mano, in accordo alle ricerche pubblicate tra le pagine del *Journal of Family Practice*, il 50% delle coppie riprende a fare sesso a due mesi dal parto del neonato, mentre il 90% dopo quattro mesi di astinenza da assestamento.

Le mie più sentite condoglianze ai neopapà presenti e futuri che appartengono al restante 10%. Scherzi a parte, ricorda di non forzare troppo le cose e di rispettare i tempi di recupero della genitrice.

In oltre cinque anni di divulgazione e di sostegno (digitale e non) al fianco dei super-papà alle prese con le difficoltà della nascita, non sai quante volte mi sia sentito ripetere: «Non capisci, sembra che la mia compagna mi ignori *sotto quel punto di vista*. Eppure, avevamo un'ottima affinità sotto le coperte e non capisco cos'abbia fatto di male per meritarmi la sua freddezza... *La situazione mi ferisce, non so come comportarmi. Consigli?*».

In primo luogo, non credere che la colpa sia imputabile alle tue performance. Prenditela piuttosto con la natura. Una neomamma, infatti, **A)** è invasa da *truppe belliche* di ormoni che azzerano i suoi impulsi sessuali affinché si dedichi, anima e corpo, al bebè dato alla luce. Inoltre, **B)** l'organismo della tua dolce metà ha subito un bel po' di sballottamenti ed è probabile che sia ancora in fase di recupero. Come se non bastasse, **C)** l'esperienza dell'allattamento è soltanto la punta dell'iceberg di un rapporto simbiotico a tu per tu con il pargoletto. Quest'ultimo assorbe gran parte delle sue energie, contribuendo al senso di appagamento e soddisfazione che si dipinge sul volto della tua Lei tutte le volte in cui abbraccia, coccola e spupazza il piccolo di casa. Suvvia, non essere geloso! È soltanto questione di tempo. Per concludere, **D)** i terapeuti e i sessuologi sottolineano l'importanza di ricostruire il rapporto sessuale tra i due neogenitori (quasi) da zero. La tua compagna di vita potrebbe temere di risultare meno attraente ai tuoi occhi. Spetta a te convincerla di sbagliarsi (e di grosso). Per riuscire nell'intento, ti consiglio di riallacciare i contatti intimi in maniera graduale – esatto, proprio come se corteggiassi la madre di tuo figlio per la prima volta! Non appena ci sarà occasione, portata al cinema, divertiti con lei al bowling o al luna park, sali a bordo del tuo scooter sgangherato per organizzare un picnic con vista romantica sulla città. Le idee sono potenzialmente infinite. Ricorda: qualsiasi attività capace di ristabilire la benché minima armonia nella coppia sarà sempre benvenuta e verrà accolta favorevolmente dalla tua partner. E così, prima di andare dritto al punto, riscopri il piacere dell'intimità ancor prima di quello della sessualità: coccole, abbracci e qualche preliminare *hot* sono tutto ciò di cui hai bisogno per esprimere a parole (e non) il desiderio che hai di Lei.

Ah, ovviamente i papà più creativi possono sfruttare i pannolini (puliti) del bebè per lasciare messaggi allusivi e divertenti alla loro compagna di vita. Armati di pennarello e scrivi a chiare lettere un bel: «*Mamma, sei bellissima!*» che le riempirà il cuore al risveglio, quando tu sarai già fuori casa per lavoro e commissioni *varie & eventuali*.

Il grande giorno è arrivato? La tua vita sessuale può finalmente uscire dal lungo periodo di stand-by a cui è stata condannata prima e dopo la gestazione? Non dimenticare due aspetti di fondamentale importanza: **A)** fai sesso protetto. Compra una scatola di preservativi nuovi di zecca *(sai che scadono dopo un tot, sì?)* perché la tua partner potrebbe rimanere nuovamente incinta prima di quel che credi. Inoltre, **B)** acquista un buon lubrificante a base acquosa, consigliato dalla stragrande maggioranza dei ginecologi per ridurre il fastidio della penetrazione dopo il parto.

Non mi resta che augurarti *buon divertimento*, ma soprattutto un rapporto d'amore più empatico, ricco e appagante che mai!

# L'IMPORTANZA DEL LINGUAGGIO E DEI CINQUE SENSI

## GIOCHI E ATTIVITÀ (RI)CREATIVE PER TRASCORRERE DEL TEMPO DI QUALITÀ CON IL BAMBINO

F acciamo il punto della situazione: hai superato indenne i primi mesi nei panni – o forse dovrei dire, nella *tutina da supereroe* – di un neopapà alle prese con le sfide della genitorialità, dal rientro a casa dopo il parto alla dentizione del pargolo. Insomma, *babbo*, non credi sia tempo di divertirti in compagnia della piccola peste gattonante che ha stravolto i tuoi equilibri domestici (e non solo)? In primo luogo, tieni bene a mente che i neonati adorano *lanciare oggetti*. E sì, non faranno distinzione tra una *forchettina in plastica di Peppa Pig* o il costosissimo telecomando che aziona da remoto chissà quale apparecchietto tecnologico. Di conseguenza, sta a te munirti di corde e cordini per non rabbrividire al suono di qualcosa – *difficile stabilire cosa* - che si schianterà al suolo da un momento all'altro. Ricorda, inoltre, che il piccolo pargolo di casa si annoia con estrema facilità: ama scalciare, gattonare e tenerti sulle spine, minacciando di infilare le *ditina* in una qualsiasi presa di corrente. A proposito, al termine di questo capitolo troverai una lista di pericoli domestici che hai probabilmente sottovalutato (tuo malgrado).

Ecco svelato il motivo per cui ho redatto una lista di attività originali e creative da fare in casa tutte le volte in cui un freddo pomeriggio sonnacchioso si profila all'orizzonte. I giochi in questione hanno una duplice funzione: allenare la coordinazione e la prestanza fisica dei muscoletti d'acciaio del tuo «erede al trono» e favorire l'acquisizione delle sue competenze linguistiche di base.

Prima di commuoverti, prepara i fazzoletti e sbizzarrisciti con le mie migliori idee per pomeriggi padre-figlio di qualità!

Per approfondire, ti rimando alla lettura di *I giochi più stimolanti e creativi da fare con il tuo bambino da 0 a 6 anni* di Giorgia Cozza (edito da Newton, Manuali e guide).

## 1 – Il gioco della smorfia (da 0 a 6 mesi)

Il tuo *fanciulletto* è naturalmente spinto a ricondurre la sua attenzione sui volti. In particolare, le facce di mamma e papà gli stanno particolarmente a cuore, dal momento che lasciano presagire una spolverata di coccole, pappe e carezze in arrivo. Ecco il motivo per cui il pargolo sarà lieto di ridere divertito davanti alle boccacce di un adulto. Le scelte sono potenzialmente infinite: apri la bocca, caccia la lingua, mandagli un bacio e sorridigli con spontaneità. Le prime volte, la piccola peste di casa ti rivolgerà occhiate di sorpresa e di ammirazione; con il passare delle settimane, i suoi *mi-*

*cro-neuroni specchio* lo spingeranno a replicare le tue espressioni buffe – un po' come un pappagallino ripete le parole dell'umano di turno. E ho un'ulteriore notizia da darti: gli studi di settore hanno dimostrato che il bebè non si limita a replicare le facce del papà o della mamma, ma partecipa anche alle sue *emozioni*. Come accennato nelle pagine precedenti del manuale che stringi tra le mani, infatti, il bambino è dotato di un sesto senso ipersviluppato – proprio come i cuccioli di animale. E allora, con l'aiuto del gioco delle smorfie potrai allenare l'empatia di tuo figlio, *step by step*, stringendo con lui un legame solido e significativo.

*Da provare!*

## 2 – Dlin-dlon! L'attività della campanellina (0-6 mesi)

Per allenare l'udito dell'ultimo arrivato in famiglia, acquista una campanellina di piccole dimensioni in un qualsiasi negozio di casalinghi. Appendila accanto alla sua culla e agitala di tanto in tanto, attirando l'attenzione del pargolo tanto per il suono quanto per lo spostamento d'aria che ne deriva. In alternativa, sbizzarrisciti nella realizzazione di un «giocattolo d'aria» fai-da-te. Procurati una bacchetta in legno o in plastica dalla lunghezza approssimativa di circa 20-30 centimetri e compra una scatola di pastelli colorati. Legali con dei cordini a una distanza di 2 centimetri l'uno dall'altro e lasciali dondolare nei pressi della culla (mai sopra la testolina del bimbo, potrebbero inavvertitamente cadergli sul viso). Il lieve movimento delle matite produrrà un suono legnoso molto rilassante, accompagnato da un'affascinante *scia multicolore*.

## 3 – La ginnastica del pannolino (0-6 mesi)

L'esperienza del *cambio pannolino* è l'occasione perfetta per una sessione di workout infantile – i papà sportivi saranno senza dubbio d'accordo con me. E allora, muovi con delicatezza gli arti inferiori del lattante, alzandoli e abbassandoli senza sforzare. Puoi accompagnare l'attività in questione con qualche parola di incoraggiamento o con una filastrocca inventata per l'occasione. Qualche idea? «*Gambette su, op op*» e «*Gambette giù, op op*». Ti ricordo che il momento del cambio è l'occasione migliore per consentire al fanciullo di espellere un po' di aria dalla pancia. Sempre con cura e delicatezza, piega le sue ginocchia al petto per qualche istante e ripeti il movimento tre o quattro volte.

## 4 – Caccia al tesoro in miniatura (dai 6 mesi)

L'attività in questione si rivolge ai lattanti *più grandicelli* ed è ispirata al celebre gioco ideato dalla pedagogista di origini britanniche **Elinor Goldschmied** (1910-2009). L'unico prerequisito? Il bimbo dev'essere in grado di rimanere in posizione seduta senza appoggiarsi con le *manine*, in modo tale da riuscire ad afferrare gli oggetti che gli stanno intorno. *Mio caro papà*, è tempo di preparare il cestino dei tesori: procurati un contenitore in legno, plastica o bambù e riempilo con alcuni utensili domestici innocui (cucchiaino in plastica, uno spazzolino da denti da dito, un pennello da barba, un limone, un piccolo gomitolo di lana e un portatovaglioli colorato, soltanto per citare alcune delle alternative più comuni). Ricorda di scegliere degli oggettini corredati da forme e dimensioni differenti, in maniera tale da moltiplicare il divertimento e allenare la capacità tattile del neonato. Arrivato a questo punto, mostra al pargolo i *misteri misteriosissimi* contenuti nel cestino dei tesori: estrai un oggettino, tienilo in mano, agitalo per sentirne l'eventuale rumore e poggialo di lato. L'attività in questione è estremamente piacevole per l'ultimo arrivato in famiglia, non richiede lunghi tempi di preparazione ed è a costo zero. Ti consentirà di allenare le sue capacità sensitive (e non solo), in modo tale da allenare la vista, la presa e la coordinazione occhio-mano. *Un must!*

*Attenzione, attenzione*: è molto probabile che il bimbo si porti alla bocca gli oggetti da te scelti. Di conseguenza, meglio evitare utensili di piccole dimensioni o che potrebbero spezzarsi tra e *ditina* del bebè. La sicurezza di tuo figlio ha la priorità, sempre.

## 5 – Il gioco del calzino (dai 6 mesi)

Non venirmi a chiedere il motivo per cui i calzini di ogni forma, colore e dimensione sembrano esercitare un potere ipnotico sui *cuccioli di umano*. Sarà forse che hanno imparato a riconoscerli non appena sono riusciti a sviluppare una coordinazione tale da sollevare le gambine e afferrarsi i piedini (puzzolenti)? Molto probabile. Ebbene, tutto quello che devi fare è aumentare la difficoltà dell'esercizio. Come per magia... *un calzino risulta fuori posto!* È finito non più sul piedino, ma sulla manina del lattante. Tuo figlio passerà qualche divertente minuto nel tentativo di liberarsene, allenando la coordinazione e la sua capacità di *problem-solving neonatale*. *Mio caro papà*, nel momento in cui sei in procinto di infilare il calzino sulla sua manina, ricorda di fare qualche smorfia divertente per attirare l'attenzione del bebè. Oppure, potresti raccontare la storia di quella calza pasticciona che confonde sempre le manine con i piedini...

Dopotutto, la fantasia è l'alleata di cui hai bisogno per trasformare ogni istante in compagnia di tuo figlio in un'avventura lieta e indimenticabile.

## 6 – Indovina dov'è finita la pallina? (dai 6 mesi)

Non so tu, ma da piccolo restavo incantato a osservare gli adulti del mio paese scommettere una manciata di *lire* al gioco delle tre tazze. Di seguito, trovi la spiegazione di una versione semplificata, adatta anche ai più piccoli. Innanzitutto, procurati un oggettino di dimensioni contenute – come una pallina, un biscottino o un pupazzetto di peluche. Quindi, scegli tre bicchieri di colori differenti per aiutare il bebè nell'esecuzione dell'attività. Nel momento in cui il bimbo ti concede tutta la sua attenzione, incuriosito dalla tua presenza, sistema l'oggetto sotto una dei tre bicchieri e (senza spostarli) chiedi al pargolo di trovarlo. *Ripeti l'esercizio fino a quando il lattante dà segno di divertirsi.* Con il passare delle settimane e dei mesi potrai spostare dapprima uno, poi due, poi tre bicchieri, incrementando la difficoltà del gioco. Un'ottima strategia *scaccia-noia* per tenere in allenamento la memoria e l'attenzione.

## Giocare con le parole: idee evergreen per allenare le abilità linguistiche del pargolo

*Mio caro lettore,* l'ultimo arrivato in famiglia ha tutte le carte in regola per trasformarsi in un chiacchierone DOC, in un filosofo *(senza barba, eh)* degno erede di Socrate o Cicerone. E come tutte le abilità che si rispettano, anche quella comunicativa necessita di un super-papà disposto a coltivare i talenti della piccola peste di casa. Il pargolo ha compiuto sei mesi? È tempo di introdurre il piccolino di casa nel... *magico mondo dei libri!* L'infanzia è il momento migliore per immergersi in una storia mozzafiato in compagnia del tuo bimbo. Puoi partire con i libri di poche pagine e tante, *tantissime* illustrazioni colorate, e proseguire poi con librettini e piccoli romanzi appartenenti ai classici della letteratura per bambini. Per coltivare la passione per la lettura, prendi il piccolino in braccio e siediti sul divano o sulla poltrona del tuo salotto. Quindi, sfogliando lentamente le pagine del *masterpiece* che hai scelto di aggiungere alla tua libreria, indica gli oggetti, gli animali o i personaggi illustrati pronunciando il loro nome ad alta voce (scandisci bene le sillabe, mi raccomando). Con il passare delle settimane e dei mesi, la crescita del bambino procederà di pari passo con la... complessità delle storie narrate dalla mamma o dal papà prima di prendere sonno o in occasione di una giornata piovosa. Il mio consiglio è di essere costante: anche dieci minuti al dì sono sufficienti per instillare nella mente del lattante l'amore per la lettura, per la curiosità e per la scoperta.

Per dirlo con le parole di Giorgia Cozza in *I giochi più stimolanti e creativi da fare con il tuo bambino da 0 a 6 anni*:

"Studi e ricerche hanno evidenziato doti intellettuali più avanzate nei bambini cresciuti da genitori che leggevano per loro. E una volta iniziata la scuola, questi bambini incontrano meno difficoltà nell'apprendimento della lettura e più avanti sono in grado di elaborare testi scritti più ricchi e articolati. Quanti benefici a fronte di un gesto tanto semplice e piacevole per il bambino ma anche per il genitore che può rilassarsi durante la lettura e godersi un bel momento di tranquillità con il suo piccolo vicino. Tra gli effetti a lungo termine, troviamo anche una maggior probabilità che il bambino una volta cresciuto diventi un buon lettore, dato che sin dalla prima infanzia è abituato ad associare il libro a una situazione densa di emozioni positive".

Una semplice variante sul tema prevede che il super-papà insegni al bimbo i segreti della natura. Quest'ultima incuriosisce la stragrande maggioranza dei bambini, entusiasmati dalle illustrazioni super-colorate e in stile *cartoon* stampate nei libri per l'infanzia. Prendi dalla tua libreria nuova di zecca un testo sugli animali della fattoria o della savana, indica il protagonista del capitoletto e pronuncia ad alta voce il verso e il nome dell'animale.

In alternativa, stimola le abilità linguistiche dell'ultimo arrivato in famiglia ripetendo le filastrocche più famose di sempre (come Nella vecchia fattoria, ad esempio) o inventa dei semplici versi in rima: «*Il cane fa bau bau, il gatto fa miao miao, e la mucca fa muuu muuu*».

A proposito, tra le canzoncine più apprezzate dal mio bimbo fino al compimento dei primi due-tre anni di età, non posso che ricordare con una nota di commozione *"Oh, che bel castello"*. Ti suggerisco di intonare qualche timida *hit infantile* tutte le volte in cui la peste di casa dà segni di nervosismo o di irritazione. Non è importante performare come un cantante in gara al *Festival di Sanremo*. Un genitore canterino, infatti, trasmette al pargolo un'immediata sensazione di pace e di tranquillità.

Ho trascritto di seguito qualche testo che ti consentirà di allentare la tensione nei momenti più scoppiettanti della vita domestica:

**Fra' Martino**
*"Fra' Martino campanaro,*
*dormi tu? Dormi tu?*
*Suona le campane, suona le campane*
*din don dan!*
*Din don dan!"*

**Oh, che bel castello**
*"Oh, che bel castello, marcondirodirondello,*
*oh, che bel castello, marcondirondirondà.*
*Il nostro è più bello, marcondirodirondello,*
*il nostro è più bello, marcondirondirondà".*

O ancora,

**Il piccolo naviglio**
*"C'era una volta un piccolo naviglio,*

*c'era una volta un piccolo naviglio,*

*c'era una volta un piccolo naviglio,*

*che non sapeva, non sapeva navigar.*

*E dopo una due tre quattro cinque sei sette settimane,*

*e dopo una due tre quattro cinque sei sette settimane,*

*e dopo una due tre quattro cinque sei sette settimane,*

*il piccolo naviglio imparò a navigar".*

Beh, non dirmi che sei un *papà timidone?* La competenza linguistica di tuo figlio si sviluppa per identificazione, tentativi ed errori. Con un po' di pazienza e un pizzico di perseveranza, avrai tutte le carte in regola per trasformare il lattante in un chiacchierone *DOC*.

## Pericoli domestici vari ed eventuali

Bene, bene, prima di procedere con la lettura del prossimo capitolo del manuale *salva-papà* che stringi tra le mani, passiamo in rassegna le *best-practices* casalinghe che ti consentiranno di adibire le stanze del tuo appartamento in spazi a prova di bebè. Sì, perché per quanto possa sembrarti *controintuitivo* (e lo è, per davvero), l'istinto alla sopravvivenza del lattante sembra oscurato da uno slancio all'auto-sabotaggio e alla passione per le avventure spericolate che gettano i genitori nel panico. Come accennato nelle pagine precedenti, coltelli, prese elettriche, cavi, vasi e contenitori in vetro, chiodi sporgenti o chissà quale altra trappola mortale attirerà l'attenzione di tuo figlio in maniera incontrollabile, finendo per mettere a dura prova la tua pazienza. Ecco svelato il motivo per cui i primi *gattonamenti* casalinghi sono il pretesto per analizzare ogni angolo della tua casa con occhio esperto, meticoloso e intransigente. *Ne va della sicurezza del fanciullo, quindi ascoltami attentamente.*

Procediamo per gradi.

In primo luogo, procurati un blocco-notes (sì, vanno bene anche le note del tuo smartphone).

In secondo luogo, dopo aver fatto una brevissima sessione di stretching preparatorio, mettiti a quattro zampe e familiarizza con il mondo «giù *in basso*» in cui vive la piccola peste di casa.

In terzo luogo, comincia a gattonare sul pavimento di casa suddividendo la tua esplorazione in microaree al fine di evitare una *lombalgia con la L maiuscola. Io ti ho avvisato!* Prenditi del tempo per scovare tutti i modi possibili per farti del male, battendo la testa, prendendo la scossa o rovesciandoti addosso chissà quale soprammobile impolverato. Striscia sotto il tavolo, scosta le tende e controlla sotto i mobili. Non lasciare nulla al caso. Al contempo, ti suggerisco di prendere appunti e di procurarti una torcia per scandagliare anche gli angoli più oscuri e remoti della tua (accogliente?) casetta di campagna o di città.

Di seguito, una lista semi-esaustiva dei pericoli domestici suddivisi in stanze.

**In salotto...**

Il pargolo potrebbe sbattere la testa contro gli spigoli dei tavolini, azionare inavvertitamente TV e lettori hi-tech *vari & eventuali*, infilarsi nel caminetto, farsi inavvertitamente cadere sulla testa gli utensili del caminetto – oppure metterseli in bocca – inghiottire le caramelle e i cioccolatini lasciati nelle ciotola per gli ospiti, farsi cadere sulla testa vasi e sculture, mangiucchiare le foglie delle piante che arredano la tua zona living (occhio anche a quelle del terrazzo), mettersi in bocca il terriccio fertilizzato di un vaso, cozzare la testa contro la porta a vetri (ouch!), introdurre dita o qualsiasi altro oggetto nella presa di corrente, far cadere bicchieri, tazze o calici in vetro con il rischio di tagliarsi, staccare i pomelli dei mobiletti e inghiottirli, impigliarsi nel filo della lampada e distruggere qualsiasi soprammobile domestico in un rovinoso effetto a catena.

**In cucina...**

Il pargolo potrebbe raggiungere il ripiano di spezie e caffè, rovesciandosi addosso liquidi bollenti, attivare inavvertitamente i fornelli a gas o rovesciare pentole e/o padelle (ricorda di utilizzare sempre i due fornelli posteriori e ruotare gli utensili in maniera tale che il manico sia orientato all'interno), infilarsi nel forno, inghiottire residui di cibo o le calamite delle tue vacanze a Ibiza appiccicate sul frigorifero, impigliarsi nei cavi degli elettrodomestici, provocare la caduta della sedia, mangiare gli scarti nel cestino della spazzatura, bere o ingurgitare l'acqua e/o il cibo dalle ciotole degli animali di casa, strattonare la tovaglia provocando la caduta a catena di piatti e bicchieri, aprire la lavastoviglie e raggiungere coltelli e/o forchette potenzialmente dannose.

*Consiglio extra*: dal momento che la cucina è, di frequente, la zona della casa più difficile da mettere in sicurezza, ti suggerisco di sbarrarla con un apposito cancelletto portatile. Occhio, però: nel tentativo di scolare la pasta o raggiungere lo smartphone lasciato sul tavolo potresti inavvertitamente inciampare nell'ostacolo imprevisto, ruzzolando a terra con la delicatezza di una *frana di montagna!*

**In bagno...**

Il pargolo potrebbe chiudersi le *ditina* nella porta, sollevare il coperchio e precipitare nel WC *(splash!),* aprire i mobili sotto il lavandino e raggiungere i prodotti chimici contenuti all'interno, far cadere il phon o la piastra per capelli della tua dolce metà nella vasca o nel lavandino pieno d'acqua, scivolare sul bagnato e battere la testa contro il bordo della vasca o del box doccia (ricorda di acquistare un piccolo tappeto antiscivolo), aprire la manopola dell'acqua calda e scottarsi la manina (potresti impostare la temperatura a un massimo di 50°, oppure applicare un blocco al rubinetto), mettersi in bocca il rasoio, cadere nella vasca e affogare a causa dell'acqua rimasta sul fondo *(anche se poca. Svuotala con attenzione dopo ogni utilizzo)*.

Occhio anche ai **giocattoli** del bebè. Esaminali con la massima scrupolosità e assicurati che siano privi di frammenti e piccole parti che potrebbero spezzarsi ed essere ingerite dall'ultimo arrivato in famiglia. In particolare, il rischio maggiore si riscontra a proposito degli occhietti appuntati sui peluche. Per quanto riguarda gli altri ambienti della casa, ricorda di tenere a debita distanza dal neonato i monitor/laptop ultra-costosi che utilizzi per lavorare o per guardare un film, i cavi (acquista un'apposita protezione tubolare per evitare che il bimbo li mordicchi con il rischio di prendersi la scossa) e sistema libri, CD e DVD sugli scaffali più in alto. Non lasciare in giro per casa cestini dei rifiuti carichi di oggettini potenzialmente dannosi, come graffette o puntine. Tutti gli utensili *inghiottibili, taglienti* e *infiammabili* dovrebbero essere sistemati in una posizione inaccessibile al tuo *Indiana Jones domestico*.

In aggiunta, è buona norma tenere sempre a portata di mano i numeri di telefono dei soccorsi di emergenza. Molti neopapà, inoltre, si tranquillizzano frequentando un corso di sicurezza e rianimazione polmonare per neonati. Mettiti in contatto con la ASL della tua zona, oppure fai una maratona di video su *YouTube* per non farti trovare del tutto impreparato in caso di necessità.

# Tornare alla normalità!

## Tecniche evergreen per mangiare al ristorante, fare shopping e viaggiare insieme al bebè

*Mio caro papà,* quella che per il bimbo è la progressiva scoperta del «mondo là fuori» magico, enigmatico e ricco di avventure da vivere in compagnia dei genitori, per te è un graduale ritorno alla normalità: viaggi, ristoranti, cinema e qualche picnic nella natura si trasformano nel pretesto per godere della tua famiglia allargata senza le preoccupazioni dei primi mesi. È molto probabile tu abbia sviluppato doti da vero *capobranco* nella gestione delle lagne infantili e dei pannolini radioattivi che devono essere smaltiti con tutte le precauzioni del caso. E allora, quando la piccola peste di casa inizia a gradire le esperienze *outdoor* della vita mondana, armati di biberon, passeggini, body di ricambio e copertina in pile per organizzare una piacevole esperienza lontano dalle quattro mura domestiche. Le idee per «normalizzare» la paternità e divertirti in compagnia di tuo figlio sono potenzialmente infinite. In questo capitolo te ne suggerisco alcune, corredando il tutto da una manciata di *«regole del galateo infantile»* necessarie per rispettare chi ti circonda.

*Curioso di saperne di più?*

- **Gita in libreria**. Copertine multicolor, libri canticchianti e una vasta gamma di fumetti per bambini capaci di ipnotizzare il più pestifero dei lattanti. Senza dimenticare CD, DVD, libretti morbidi e – in alcuni casi – scatole di colori e fogli di carta per realizzare un'opera d'arte vangoghiana. La libreria è, tra i luoghi urbani, il più *baby-friendly* che esista. *Il consiglio?* Organizza una visita durante i giorni feriali, quando il lattante potrà gattonare in pace. Non dimenticare di fare un salto anche in biblioteca.

- **Gita all'autolavaggio**. Ah, questa sì che è un'esperienza da 110 e Lode! Tra uno spruzzo d'acqua e una manciata di mega-spazzole rotanti che tireranno a lucido la tua vettura, il piccolo resterà incantato. Prima di entrare, ricorda di dire al bimbo che *«anche l'auto deve fare il bagnetto!»*.

- **Gita dal parrucchiere**. Al compimento dei dieci-dodici mesi di vita, è molto probabile che la chioma del bimbo sia più scompigliata che mai e necessiti di un rapidissimo... *restauro!* Se la frangetta gli scende sugli occhi e gli impedisce di vedere dove sta andando, beh, forse è il momento di prenotare un appuntamento dal parrucchiere. La neomamma potrebbe consigliarti di scegliere un *hairstylist per bambini* – dopotutto, lei è particolarmente sensibile al tema – ma se tu credi di avere mano ferma e tempo a sufficienza, puoi improvvisare un salone di bellezza casalingo. Non temere di ottenere un taglio orrendo; l'ultimo arrivato in famiglia conquisterà tutti con i suoi occhioni dolci e con il suo faccino roseo. Un ciuffo di più o di meno non farà poi molta differenza. Ricorda di tagliare i capelli con delle forbici a punta arrotondata (mai affilate, come quelle di un parrucchiere professionista). Colloca il pargolo sul seggiolone di fronte alla TV – se l'idea non ti fa impazzire, metti della musica e chiedi alla tua partner di improvvisare un balletto di distrazione. Partendo dal centro della nuca, taglia in ambo le direzioni. Procedi un pezzettino alla volta, senza farti prendere la mano. In questo modo, sarà più semplice correggere o mascherare eventuali errori. Per quanto riguarda la frangetta, tieni a mente che i neonati tendono istintivamente a girare il viso tutte le volte in cui le forbicine entrano nel loro campo visivo. *Un ottimo riflesso salva-vita!* Di conseguenza, ti suggerisco di procedere con l'attesissimo «ZAC!» quando tuo figlio sarà profondamente addormentato nel passeggino (la posizione è migliore di quella assunta nella culla). *Post-Scriptum*: per dovere di completezza, ti ricordo di utilizzare sempre le forbicine a punta arrotondata e di collocare la tua mano tra la lama e la testolina del pargolo.

- **Gita al parco.** Passeggiare nella natura con il neonato è un'esperienza *must-try,* rilassante e appagante molto più di mille pomeriggi trascorsi tra i corridoi di un centro commerciale o nelle vie più trafficate della città. Ti consiglio di optare per strade pedonali, lungo-fiume/lungolago, giardini pubblici, aree extra urbane green e centri storici con pochissime macchine in giro. Ricorda di evitare le ore più calde e più fredde della giornata, e di portare con te, in ordine: il necessario per un cambio extra del pannolino, qualche giochino aereo per attirare l'attenzione del pargolo, una copertura impermeabile per la pioggia, una coperta di grandi dimensioni da stendere sull'erbetta per divertirti con tuo figlio, una crema solare, un repellente light contro gli insetti nei mesi caldi e un cappellino per evitare insolazioni. Nell'eventualità in cui volessi organizzare un picnic, non dimenticare di mettere nello zaino anche un bavagliolo, un cucchino pulito, un bicchierino in plastica con chiusura ermetica per evitare spiacevoli rovesciamenti e delle salviettine umidificate per pulire le manine. *Non mi resta che augurarti... buon appetito!*

A proposito di *ristoranti e dintorni*. Non voglio illuderti: sarà difficile – per non dire *impossibile* – godersi il pranzo o la cena in compagnia, e molti saranno i commensali infastiditi dal bambino. E nell'eventualità in cui l'ultimo arrivato in famiglia dovesse avere un colpo di sonno super-soporifero durante il pasto, ringrazia il cielo e spazzola i tuoi piatti alla velocità della luce. In accordo alla mia esperienza, sarebbe opportuno tenersi a debita distanza dai locali più eleganti; se proprio intendi degustare quindici tipologie di formaggio a pasta molle dal costo (tutt'altro che contenuto) di ottanta euro, quantomeno fallo senza il pargolo nei paraggi. Una trattoria o una locanda è senza dubbio l'alternativa più gettonata dai neogenitori alle prese con i primi, timidi tentativi di ristabilire i contatti con il «*mondo là fuori*». I locali family-friendly sono una combinazione di seggioloni, vassoi in plastica e servizio take-away, con uno staff che ti accoglierà con un bel sorriso di cortesia. Se sei a corto di idee, apri Google Maps e mettiti alla ricerca di pub-ristoranti in cui il volume delle partite di calcio supererà di gran lunga quello delle urla del pargolo, oppure i ristoranti cinesi che vantano una vasta gamma di specialità (come le nuvolette di drago e il riso fritto) super-apprezzato dai micro-divoratori di tutto il mondo.

Per superare indenne la tua prima esperienza outdoor, ricorda di prenotare <u>prima delle *20:00*</u> e di scegliere un tavolo strategico. Io ti suggerisco di selezionare i posti accanto all'uscita, così che tu possa fare due passi nel caso in cui il pargolo dovesse dare segni di impazienza. Meglio tenersi a debita distanza dalla cucina per evitare il rischio di piatti bollenti trasportati dal viavai di camerieri. In aggiunta, scegli di collocare il seggiolone in modo tale che non blocchi il passaggio del personale di sala e degli altri commensali. Tra una portata e l'altra, quando il bebè prende a scalciare per l'impazienza come un asinello testardo (tra parentesi, è del tutto normale), attira la sua attenzione giocando con le bustine di zucchero presenti sul tavolo (fungono da ottimo sonaglietto *fai-da-te*), oppure chiedi al cameriere qualche cubetto di ghiaccio in un bicchiere da agitare come un maracas. Al primo accenno di lacrime, prendi il bebè ed esci a fare due passi per non disturbare gli altri commensali. A proposito, ti consiglio di ordinare piatti che siano buoni anche freddi o tiepidi, perché potrebbe essere necessario interrompere il pasto ben più di una volta.

Prima di procedere, un ultimo punto. *Mio caro lettore*, se hai lavorato nei ~~panni~~, *ops, pardon*, nel grembiule di cameriere – magari per pagarti gli studi o per un po' di gavetta – saprai meglio di me quanto sia disgustoso pulire gli avanzi o i residui di cibo mangiucchiati e sputati da un neonato sul pavimento. Prima di andare via, fai del tuo meglio e togli il più, oppure lascia una mancia consistente per ringraziare il personale di sala del compito particolarmente ingrato che lo attende.

**Bimbi in aereo: le regole per un primo volo senza turbolenze**

*Fammi indovinare*: sei stufo di startene inchiodato sul divano del tuo appartamento di città in compagnia del pargoletto e della tua dolce metà – un tempo *Tomb Raider*, ormai ridotta a una brutta copia di un'animatrice turistica che conosce a memoria le *canzoncine* della *baby dance?* E magari, chissà in virtù di quale coincidenza astrale, hai trovato dei biglietti aerei super-scontati per scoprire una nuova capitale europea o per fare un salto da quei lontani *parenti di giù o di su*, che non hanno ancora avuto il privilegio di spupazzare il tuo «erede al trono». O ancora, non vedi l'ora di goderti le facce terrorizzate degli altri passeggeri che ti vedranno salire *on board* con il bebè infagottato nella sua tutina migliore?

In fase di decollo, volo ad alta quota e atterraggio, i neogenitori non possono fare altro che sperare che il lattante rimanga in silenzio. Ad ogni modo, voglio condividere con te alcune tecniche *evergreen* che ti permetteranno di interrompere i «gnè-gnè» infantili:

- Non sottovalutare la **scelta del posto**. Nel caso in cui tu non debba prenotare un ticket anche per il bambino, seleziona una seduta accanto al finestrino per avere un po' di spazio extra. I posti centrali devono essere evitati. Sempre.

- Alcune compagnie aeree mettono a disposizione una culla per i bambini che viaggiano in Business Class in compagnia dei genitori. Se ti attende un volo internazionale o intercontinentale, organizzati per tempo e mettiti in contatto con lo staff.

- In linea generale, gli aerei sono costruiti in maniera tale da avere spazio extra in prossimità delle toilette anteriori o posteriori. In aggiunta, il viavai degli altri passeggeri potrà distrarre il bimbo, che scambierà quei misteriosi sconosciuti provenienti da tutto il mondo per dei compagni di gioco. *Bu-bu? Settete!*

- Ricorda di non occupare mai e poi mai i posti collocati in prossimità delle uscite di emergenza. Molto probabilmente, dopo ore di lagne ad alta quota, i passeggeri meno pazienti potrebbero tirare il maniglione antipanico per buttarsi di sotto!

Per aumentare le chance di salire a bordo con un bimbo in stato di trance, fai coincidere il viaggio con l'orario del pisolino del lattante. Potrebbe essere una buona idea prenotare un volo notturno per ridurre le crisi di pianto del pargolo. In aggiunta, ti consiglio di recarti in aeroporto con largo anticipo in modo tale da organizzare una sessione di gioco nelle aree *baby* dislocate all'interno degli scali aeroportuali di tutto il mondo. Segui le indicazioni (solitamente colorate di rosa), oppure chiedi consiglio alla reception dell'aeroporto; saprà indicarti la zona gioco più vicina a te. *Che l'operazione sfiancamento abbia inizio!* Infine, è buona norma imbarcarsi per ultimi al gate. Metti il bebè tra le braccia della mamma e trasporta entrambi i bagagli.

*Post-scriptum*: in alcuni casi, potrebbe essere opportuno somministrare al lattante una dose di *Tylenol* per bambini o di *Benadryl*. Tuttavia, prima di recarti in farmacia, solleva la cornetta telefonica e chiedi conferma al pediatra.

Per quanto riguarda la gestione del bebè ad alta quota, non sottovalutare il potere del… *mal d'aria*. Tieni a portata di mano una dose di cambi abbondanti e procurati un rivestimento in cerata. In questo modo, nel caso in cui il lattante dovesse vomitare, non ti macchierai i vestiti. Potrebbero essere utili anche sacchetti in plastica, salviettine igienizzanti e una buona dose di scottex. Non centellinare con il «*materiale di sopravvivenza*» di cui avrai bisogno una volta a bordo, perché il primo volo potrebbe essere più impegnativo di quanto tu creda. Ad ogni modo, voglio metterti in guardia: cambiare il pannolino dell'ultimo arrivato in famiglia nel bagno stretto e angusto di un aereo è un'impresa titanica. Ricordo ancora quella volta in cui picchiai la testa contro il rivestimento gommato della maniglia a causa di una turbolenza improvvisa, mentre con una mano tenevo sollevate le gambine di mio figlio e con l'altra cercavo di incartare il pannolino radioattivo prima che di essere scambiato per un… *terrorista in possesso di armi chimiche!*

*Un'impresa con la I maiuscola*, non c'è che dire. Nei mesi seguenti, un'ostetrica di grande esperienza - *evidentemente più saggia di me* – mi consigliò di portare in aereo un telo extra da stendere tra il papà e la mamma, così da cambiare il pannolino direttamente al proprio posto. È buona norma gettare l'arma letale in un sacchettino per il mal d'aria, sigillandolo a tempo di record. Nel caso in cui l'odore sgradevole dovesse persistere, scusati con i tuoi vicini di volo offrendo loro qualcosa da bere.

**Centri commerciali e negozi di giocattoli a volontà – *Come comportarsi con il bebè?***

*Mio caro lettore*, non sono mai stato un amante dei centri commerciali. Sarà che soffro di una leggerissima forma di claustrofobia, sarà che i troppi articoli esposti hanno su di me un effetto stordente, o sarà che non ne ho mai avuto realmente bisogno – se non in prossimità delle feste natalizie. Eppure, non commettere l'errore di sottovalutare il potere consolatorio dei grandi magazzini sull'umore dell'ultimo arrivato in famiglia. I negozi di giocattoli e i *mall* delle nostre città sono un tripudio di colori, musiche, suoni, rumori ed esperienze multisensoriali che riempiono il cuore e la mente dei bambini. Dopo aver fatto un salto nella sezione dei tappeti per un'esperienza di *gattonamento* estenuante, scegli una poltroncina appartata per schiacciare un pisolino mentre la tua dolce metà prova un paio di scarpe o acquista delle calzine per il pargoletto. Ti ricordo che la maggior parte dei grandi centri commerciali dispone di bagni con fasciatoi per un cambio del pannolino *ad hoc*. Le zone per il pit-stop neonatale si trovano, di frequente, nella toilette delle signorine. *Almeno per questa volta, caro mio, sei esonerato!*

# La prima festa di compleanno!

## È tempo di esprimere un desiderio...

*Voilà!* Il piccolino si muove con sicurezza, corre, cammina, ha allenato la coordinazione *occhio-mano* ed è in grado di destreggiarsi con esperienza all'interno delle quattro mura domestiche, l'ambiente prediletto per le sue esplorazioni quotidiane. In aggiunta, al compimento dei dodici mesi, il vocabolario del neonato è ricco di suoni e di fonemi sempre più complessi. Ama le fiabe e le storie che gli racconti prima di andare a dormire, ed è in grado di esprimere le proprie preferenze in fatto di cartoni animati in TV, tempo libero, sport e prelibatezze portate in tavola dalla mamma o dal papà. Insomma, tutto è pronto affinché il lattante continui a imitare gli adulti di casa e ad apprendere attività via via più strutturate in virtù del superpotere dell'osservazione. Ogni cosa, per lui, assume sfumature interessanti e meravigliose. Con il passare del tempo, verrai contagiato dal suo irrefrenabile entusiasmo e potrai coinvolgere la piccola peste di casa nelle attività pratiche svolte in cucina, in giardino o in cameretta. Vedrai, sarà contentissimo di rendersi utile, mettendosi alla prova con i compiti che gli affiderai.

Questo capitolo del manuale che stringi tra le mani sarà suddiviso in due parti: la prima, incentrata sulle attività ludiche consigliate ai bambini con età compresa tra i 12 e i 24 mesi; la seconda corredata da una semplice to-do-list di giochi divertenti o idee creative da organizzare in vista del primissimo compleanno del pupo. Non voglio perdermi in chiacchiere, perché ho molto materiale da condividere con te e con la tua dolce metà.

*Cominciamo subito!*

## 1 – Tutti in carrozza, il treno sta partendo!

Non preoccuparti, non devi correre in stazione per salire a bordo di un *Frecciarossa nuovo fiammante*; il gioco in questione è un grande classico – il preferito del mio papà, a esser sincero – che mi sta particolarmente a cuore. Tutto quello di cui hai bisogno sono… *alcune sedie!* Allineale in uno spazio sufficientemente ampio per realizzare un trenino in versione domestica. In aggiunta, potresti creare con il bambino dei rettangolini di cartoncino colorato che fungeranno da biglietti. A turno, la mamma, il papà e il piccolino vestiranno i panni di piloti, controllori e passeggeri.

La destinazione? La decide la piccola peste di casa, ovviamente. Lascia briglia sciolta alla fantasia e guida il *trenino* dall'Africa all'America, dal Polo Nord al Polo Sud. Il gioco in questione è il pretesto per insegnare al pargolo qualche semplice informazione geografica, così come per allenare il riconoscimento dello spazio, della destra e della sinistra. *Su, su, il treno sta per partire!*

Ah, per movimentare un pomeriggio particolarmente noioso, affidati alla versione per cowboy: accosta due sedie per ricreare il classico carro trainato dai cavalli che si vede nei film, e aggiungi una cesta posteriore in cui inserire gli animaletti di peluche preferiti dal bimbo. Nel caso in cui fossi particolarmente creativo, poi, disponi le sedioline in cerchio, indossa un cappellino o un caschetto di sicurezza in compagnia del tuo piccolo esploratore spaziale e controlla la traiettoria: potrai trasformare un comune trenino in una navicella intergalattica che ti (vi) proietterà in mondi fino a questo momento inesplorati.

## 2 – Chi cederà per primo?

Un grandissimo classico che metterà a dura prova la tua serietà, *mio caro papà*. Guarda tuo figlio negli occhi, senza parlare. Chi riderà per primo? Fai affidamento sulle smorfie e sulle espressioni buffe migliori del tuo arsenale. *Che la guerra abbia inizio!*

## 3 – A scuola di cucina con ingredienti d'eccellenza

Non so come te la cavi ai fornelli, ma è innegabile che il piccolo di casa abbia tutto il diritto di sperimentare piatti degni di un ristorante pentastellato! È questo il motivo per cui ti suggerisco di prendere spunto dalla fiaba di Walt Disney *La zuppa di bottoni*, in cui la scaltra Paperina prepara una gustosissima (?) minestra in maniera decisamente creativa. Per ricreare l'esperienza da vero chef, procurati un paio di pentolini, un mestolino in legno, una scodella, un cucchiaino e un piatto pieno zeppo di bottoni o di piccole pietre (puoi anche dipingerle in compagnia del fanciullo, se ti va). Quindi, lascia che sia lui a scegliere le quantità e il procedimento culinario. Dai 12 mesi in poi, infatti, tuo figlio trae piacere nel replicare per immedesimazione le piccole-grandi attività quotidiane effettuate dalla mamma e dal papà. I giochi che simulano il comportamento degli adulti di casa lo riempiranno di gioia e di soddisfazione. Come l'attività dei travasi di Maria Montessori, anche la zuppa di bottoni consentirà al fanciullo di allenare la fantasia e di migliorare la coordinazione.

## 4 – A lezione di meditazione infantile in un monastero d'Oriente

A proposito di fantasia e di esperimenti interessanti, perché non suggerisci alla piccola peste di casa di tenere a freno i suoi nervetti scattanti con una sessione di meditazione orientale? Sono sempre più gli istituti scolastici che inseriscono la Mindfulness tra le pratiche consigliate in età scolare. E allora, regalati qualche istante di quiete insieme al pargoletto dopo un pomeriggio di attività intense a adrenaliniche. *Come fare?* Innanzitutto, spegni lo stereo e la TV, e metti in modalità aereo il tuo smartphone personale. Quindi sdraiai al fianco del bambino e chiedigli di restare in silenzio. Concentratevi sul respiro, senza muovervi, ridere, parlare o fare alcunché. Per riuscire nell'intento, aiuta il pargoletto con una serie di domande pratiche, concrete: «Senti l'aria che entra dal nasino?» o ancora «Immagina di essere al parco, con il sole alto nel cielo e qualche nuvola bianca come zucchero filato... Io e te ci stendiamo sull'erba e ci riposiamo un po'. Il sole ti scalda la testa, le mani, i piedini...». Ricorda di parlare senza fretta, e immagina a tua volta la situazione descritta al pupo. Sebbene l'attenzione dei bambini sia in costante movimento, con un po' di allenamento riuscirai a catturare la sua curiosità e a lasciargli una piacevole sensazione di rilassamento. Per citare le parole di Giulia Cozza in *I giochi più stimolanti e creativi da fare con il tuo bambino da 0 a 6 anni*: "Secondo studi e ricerche, la consuetudine quotidiana di meditare abbassa i livelli di cortisolo, ovvero l'ormone dello stress, allevia le tensioni, riduce le sensazioni negative come l'ansia e la paura. Quando a meditare è un bimbo pare si vedano effetti benefici a livello di autostima, creatività e autocontrollo."

*Vale la pena tentare, no?*

# 5 – Il piccolo giardiniere di casa

Se disponi di un terrazzino o di un giardinetto, chiedi all'ultimo arrivato in famiglia di darti una mano con la cura delle piantine di casa. Con il passare del tempo, potrai assegnargli i suoi personalissimi germogli, insegnandogli così a leggere il misteriosissimo segreto della natura! *Quando annaffiare? Come capire se il terriccio è umido a sufficienza? Quali sono i segnali di una bella piantina che gode di buona salute?* La comparsa delle primissime *foglioline* riempiranno il cuore del tuo pupo di grandissime soddisfazioni.

Insomma, le attività ludiche appena menzionate sono rivolte ai bimbi più grandicelli e intendono favorire il benessere dei nostri figli. Per dirlo con le parole di Maria Montessori, la scrittrice, pedagogista e filosofa italiana che ha rivoluzionato il *point of view* degli adulti sull'esperienza dell'infanzia: "Mai aiutare un bambino mentre sta svolgendo un compito nel quale sente di poter avere successo. [...] Il gioco è il lavoro del bambino. [...] Chi non comprende che insegnare a un bambino a mangiare, a lavarsi, a vestirsi è lavoro ben più lungo, difficile, e paziente che imboccarlo, lavarlo e vestirlo". Compito del neopapà e della neomamma consiste nell'assicurare una presenza intangibile, ma chiara e incoraggiante, al piccolo di casa. *L'obiettivo?* Fare in modo che ogni *adulto di domani* sia libero di scoprire i propri talenti e le proprie attitudini mediante il sostegno spesso silenzioso (ma pur sempre rincuorante) dei genitori.

*Mio caro lettore*, prima di procedere con il prossimo capitolo del manuale salva-papà che stringi tra le mani, è tempo di festeggiare: se il compleanno del tuo «*erede al trono*» si avvicina, ma non hai nessuna idea creativa che ti frulla per la testa, leggi con attenzione le migliori trovate condivise con me da altri super-papà dall'incontenibile fantasia. In primo luogo, ricorda di non strafare: il primo compleanno non necessita di festeggiamenti regali, che potrebbero risultare confusionali ed eccessivi per il protagonista del gran giorno. Commissiona piuttosto una torta corredata da una decorazione in frutta fresca (meglio evitare la glassa zuccherina) per conquistare il suo cuore... *e il suo palato!* In aggiunta, ti consiglio caldamente di trovare qualche piccolo rituale che, ripetuto con il passare degli anni, potrà trasformarsi in una *tradizione familiare con la T maiuscola.* Non perdiamoci in chiacchiere e cerca piuttosto di soddisfare le aspettative degli invitati e del festeggiato (con un occhio di riguardo al budget).

- **Festa a tema?** Perché, no?! Un grandissimo classico della tradizione, corredato dalla presenza di tovaglioli, piattini, candeline, palloncini e festoni monotematici. Ogni elemento della festicciola dovrà richiamare il cartoon prescelto: Hello Kitty, Winnie the Pooh, o magari le intramontabili e commoventi fiabe di Walt Disney. *A te la scelta!*

- Prima ancora di scegliere la **location** – badando bene a evitare luoghi troppo affollati e musica a tutto volume che potrebbe infastidire il pargolo – trasforma il **seggiolone** del bimbo in un trono allegro e colorato. Lega ai lati un paio di palloncini a elio e sbizzarrisciti con le decorazioni multicolore che ti passano per la testa. *Non mettere limiti alla tua fantasia! Ah, non dimenticare di chiedere consiglio alla tua dolce metà;* è molto probabile che la tua compagna di vita abbia un gusto un *tantino* più allenato del tuo...

- Al mattino, sveglia il tuo bimbo con una **canzoncina** speciale e balla con lui per tutta casa.

- Per inaugurare una *tradizione* apprezzata dal pargolo e dai nostri familiari/amici, io e mia moglie decidemmo di scattare una **foto-ricordo** insieme agli ospiti dell'evento sempre nello stesso posto, anno dopo anno. *Avrai a portata di mano una testimonianza fotografica della progressiva caduta dei tuoi capelli!*

- No a eventi lunghi, anzi *lunghissimi*. Il tuo principino o la tua principessina si è ormai abituato/a ai ritmi della routine quotidiana. Sarebbe un errore protrarre i festeggiamenti fino a notte fonda, costringendo il bimbo a ritardare il momento della nanna. Insomma, **l'orario migliore** per la festa di compleanno si basa innanzitutto sulle esigenze sonno-pappa del neonato. Ah, e non dimenticare che le feste migliori non superano più di due ore, almeno che tu non voglia udire i pianti di stanchezza del bimbo per tutta la notte.

- Girovagando in giro per la rete alla ricerca di idee creative, mi sono imbattuto in un trend d'Oltreoceano che farà storcere il naso alla tua compagna di vita, ma che probabilmente ti conquisterà. Mi riferisco allo **smash cake**, la moda statunitense che consiste nell'organizzare un servizio fotografico professionale o fai-da-te in cui il pargolo potrà sbizzarrirsi ancor prima del compleanno vero e proprio con una piccola torta tutta per lui. *I no sono severamente vietati!* Più si impiastriccia il faccino, più divertenti saranno anche gli scatti dello smash cake. Potrai scegliere le foto migliori e appenderle qui e là il giorno della festa per strappare un sorriso ai tuoi ospiti. Ad ogni modo, nessuna torta verrà maltrattata per la realizzazione di questo trend... *O forse sì?*

Prima di concludere, due consigli condivisi con te da un papà navigato: **A)** non esagerare con i regalini. I nostri figli sono più interessati al *processo di scartare* che al contenuto dei pensierini in sé. Di conseguenza, non prosciugare la tua carta di credito e opta per idee regalo di uso quotidiano (come un bel set per il bagnetto oppure delle posate in plastica che il piccolo userà per simulare una puntata di *Master Chef* in TV). Inoltre, **B)** evita di creare un ambiente per la festa di compleanno corredato da *troppe cose*: *troppi* festoni, *troppi* pacchi, *troppi* accessori, *troppi* colori, *troppi* invitati. Un bebè confuso non riuscirà a godersi appieno l'esperienza del festeggiamento, finendo piuttosto per piangere lacrime amare al benché minimo contrattempo.

# A CHE SERVE UN PAPÀ?

Ah, è tempo di *riassuntoni*. Un bel riepilogo al termine del nostro viaggio (editoriale) alla scoperta della paternità che ti consentirà di memorizzare il messaggio più importante: il super-papà descritto tra le pagine del manuale che stringi tra le mani non è il *pater familias* tiranno e un po' scorbutico che torna tardi la sera dopo un'intensa giornata di lavoro, terrorizzando i figli che giocano indisturbati in salotto. *Nossignore.* Il super-papà su cui ho ricondotto la tua attenzione è un individuo empatico, sensibile, presente, maturo e capace di contenere le emozioni positive e negative dell'ultimo arrivato in famiglia, con l'intento di assicurargli un iter di crescita stabile ed equilibrato. È uno dei due sostegni familiari, la spalla su cui piangere, il contrappunto di ogni neomamma e, soprattutto, il responsabile dell'indipendenza e dell'autonomia del pargolo. Lì dove la donna è, per sua stessa natura, chiamata a contenere e proteggere, il papà ha l'incarico di insegnare, spronare e incoraggiare il proprio pupo. *Un po' alla volta, ma con determinazione e costanza.*

Per quanto tu possa sentirti inadeguato, incompreso, disorganizzato e disperatamente incapace di prenderti cura del batuffolo di capelli arruffati che ha stravolto la tua vita, ricorda di non essere solo. Dati alla mano, i genitori che fanno squadra, ottengono i risultati migliori nel breve e nel lungo periodo (per giunta, senza la necessità di alzare la voce). E allora, confrontati con la madre di tuo figlio tutte le volte in cui ti senti giudicato, inetto e fallibile – *errare humanum est,* ricordano i latini – e affronta la paternità in maniera spontanea. Tieni alla larga i sensi di colpa e non lasciarti condizionare dal giudizio degli altri: se hai voglia di rotolarti nell'erbetta del parco con il tuo cucciolo, non fasciarti la testa e cerca di trascorrere del tempo indimenticabile con il piccolino di casa.

Al contempo, non farti frenare dai piccoli-grandi incidenti di percorso della quotidianità. Ti scapperà un milione di volte di pronunciare il mantra di vita «*Su, sbrigati, o faremo tardi!*». Perché la verità è che i bambini hanno i loro tempi e vivono in un mondo diametralmente opposto a quello dei loro genitori – preoccupati piuttosto di non fare tardi in ufficio. E va bene così; è normale perdere la pazienza, chiedere scusa, analizzare i fattori comportamentali che possono essere migliorati e trasformarti, giorno dopo giorno, nel padre che hai sempre sognato di essere.

Ci vorrà del tempo, e molti saranno gli istanti di smarrimento che busseranno alla tua porta, ma... *non credi sia normale?* Io sì, soprattutto se dopo ogni sgridata deciderai di dare il meglio di te.

Prima di concludere questa chiacchierata a quattr'occhi, voglio ricondurre la tua attenzione su un tema che mi sta particolarmente a cuore: **l'importanza del cambiamento.** Accettare l'evoluzione del pargolo ti aiuterà a comprendere *come, quando* e *perché* evitare i cosiddetti capricci infantili, che danno del filo da torcere a moltissimi genitori alle prime armi. Se credi di non avere strumenti a sufficienza per metterti in contatto con le emozioni e i problemi del pupo, poni in standby il filtro della tua «parte adulta» e interroga «*l'Io bambino*» che riposa dentro di te. Quest'ultima è un'abilità che nessuno – tra pedagogisti, pediatri e *divulgatori con la D maiuscola* – potrà mai insegnarti. Devi fare esperienza, provare e riprovare, accettare gli errori commessi in passato e guardare al futuro con coraggio.

Nel mio piccolo, ho provato a condividere con te un frammento della mia esperienza nei panni di padre con pregi e difetti. Il mestiere del genitore, in un modo o nell'altro, si trova sempre il modo di farlo (bene). E allora, se le informazioni contenute nei capitoli precedenti ti hanno intrattenuto, divertito o insegnato qualche trucchetto salva-vita, lascia una recensione spontanea su Amazon e sulle altre librerie digitali. Mi aiuterai a raggiungere un pubblico di lettori via via più ampio, cavando d'impiccio altri neopapà alle prime armi. *Non vedo l'ora di leggere le tue parole!*

In aggiunta, non dimenticare di continuare la tua formazione genitoriale con alcuni dei titoli allegati nella bibliografia che segue: un insieme di spunti di riflessione che ti consentirà di approfondire i temi della genitorialità che ti stanno maggiormente a cuore.

Non mi resta che salutarti con le incoraggianti parole di Maria Montessori – a cui devo gran parte del mio interesse per la pedagogia e per l'educazione dei nostri pargoli: "Più dell'elettricità, che fa luce nelle tenebre, più delle onde eteree, che permettono alla nostra voce di attraversare lo spazio, più di qualunque energia che l'uomo abbia scoperto e sfruttato, conta l'amore: di tutte le cose esso è la più importante".


Grazie per avermi tenuto compagnia fino alla fine.

*Un abbraccio,*

*Marcello Barbieri*

# BIBLIOGRAFIA


- COZZA, G., Benvenuto fratellino, Benvenuta sorellina – Favorire l'accoglienza del nuovo nato e la relazione tra fratelli

- MONTESSORI, M., Educare alla libertà

- MONTESSORI, M., La mente del bambino

- MONTESSORI, M., La scoperta del bambino

- MURKOFF, H., Che cosa aspettarsi quando si aspetta – Nuova edizione completamente rivista e aggiornata

- NOVARA, D., Dalla parte dei genitori – Strumenti per vivere bene il proprio ruolo educativo

- PELLAI, A., L'età dello tsunami – Come sopravvivere a un figlio adolescente

- ROSSINI, E. e URSO, E., I genitori devono essere affidabili, non perfetti...

- VALENTE, D., Come liberare il potenziale del vostro bambino – Manuale pratico di attività ispirate al metodo Montessori per i primi due anni

- VOLTA, A., *Mi è nato un papà*

# RIGUARDO UNIVERSO INFANZIA

Benvenuti in *Universo Infanzia*, un luogo dove ogni pagina è un incanto nel mondo dell'amore genitoriale e della crescita felice dei nostri piccoli tesori.

Siamo una piccola casa editrice con un cuore grande, composta da un team appassionato di genitori dedicati a offrire un sostegno autentico e ad accompagnarvi attraverso le sfide e le gioie della genitorialità. La nostra missione è trasformare ogni passo di questo straordinario viaggio in un ricordo indelebile.

Con anni di esperienza alle spalle, ci impegniamo a creare risorse educative e ispiratrici che aiutino le nuove mamme e i nuovi papà a superare le sfide della gravidanza, dell'infanzia e della crescita dei vostri bambini. I nostri libri nascono dalla nostra passione per il benessere dei piccoli e dalla determinazione a rendere l'esperienza genitoriale serena e gratificante.

Attraverso un approccio empatico e basato sull'amore, ogni pagina dei nostri libri è intrisa di saggezza, consigli pratici e storie rassicuranti. Desideriamo fornire ad ogni genitore gli strumenti per creare un ambiente amorevole e stimolante, dove i nostri bambini possano crescere felici, sani e colmi di curiosità.

Scegliere *Universo Infanzia* significa abbracciare un'educazione basata sull'amore, dove i sorrisi dei nostri bambini e il calore delle loro manine illuminano il nostro cammino. Grazie per unirvi a noi in questo meraviglioso viaggio di genitorialità. Insieme, possiamo trasformare ogni momento con i nostri piccoli in un ricordo prezioso e significativo.